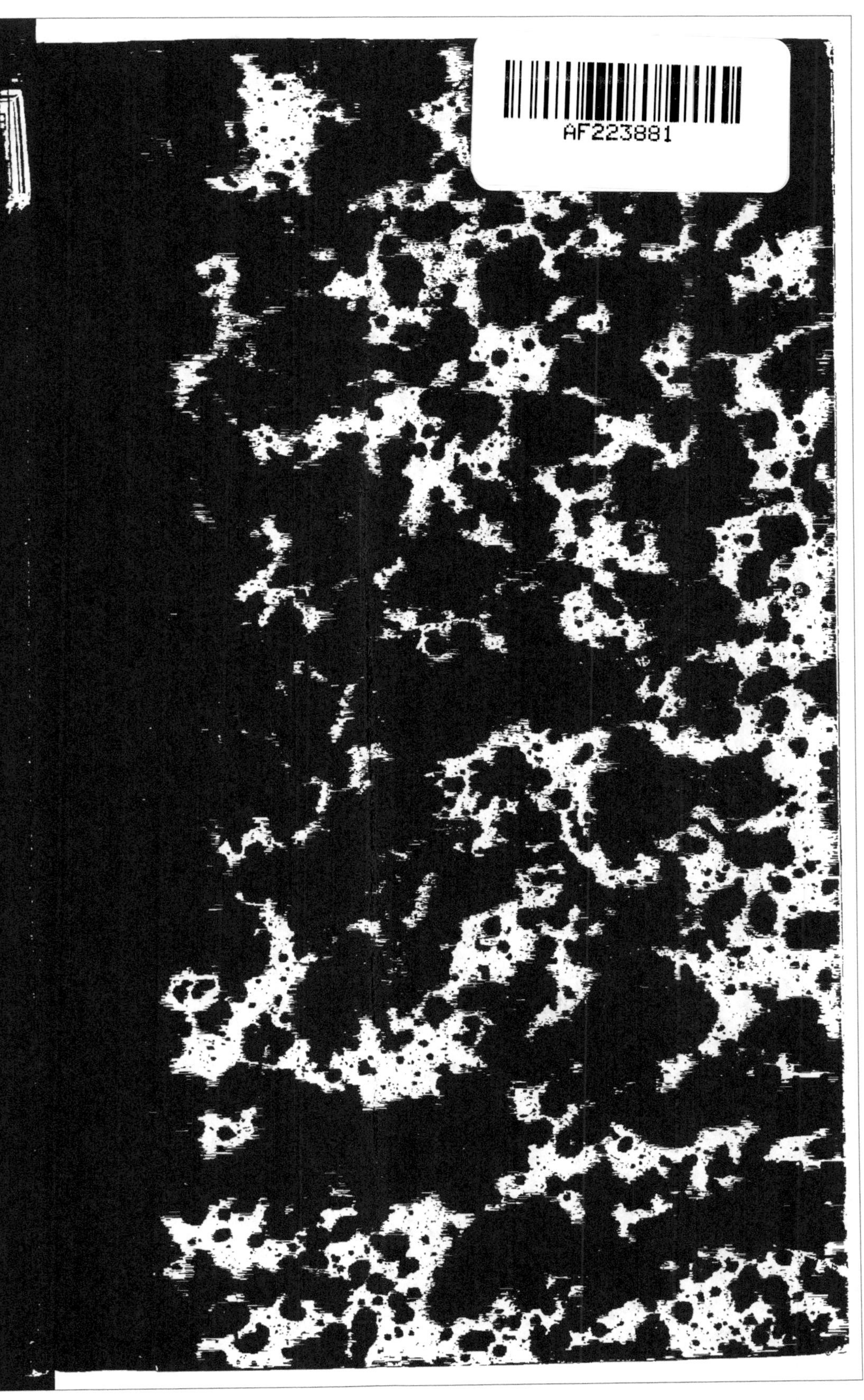

AF223881

GRAMMAIRE LATINE

DÉMONSTRATIVE,

COMPARÉE PAR ANALOGIE

AVEC LE FRANÇAIS.

DÉDIÉE AU ROI;

PAR J. N. BLONDIN,

Secrétaire interprète à la Bibliothèque du Roi, sous Sa Majesté
Louis XVI.

PRIX : 5 FRANCS.

A PARIS,

Chez
- L'AUTEUR, rue St.-André-des-Arcs, n° 53.
- PÉLICIER, libraire, première cour du Palais-Royal, n°ˢ 7 et 8.
- BRUNOT-LABBE, libraire de l'Université, quai des Augustins, n°. 33.
- JOUBERT, à la librairie lexique, rue du Paon St.-André, n°. 1.
- MONGIE, libraire, boulevart Poissonnière, n°. 18.

1819.

DE L'IMPRIMERIE DE C.-F. PATRIS,
RUE DE LA COLOMBE, N°. 4.

AU ROI.

Sire,

En 1786, *Votre Majesté daigna agréer la dédicace de ma* New Grammar to teach french to Englishmen.

En 1814, *celle de ma Grammaire Polyglotte, française, latine, italienne, espagnole, portugaise et anglaise.*

Aujourd'hui, Elle comble mes vœux, en me permettant de lui dédier ma Grammaire Latine démonstrative *, comparée par analogie avec le français.*

Je sens toute l'importance de la tâche que je m'impose ; je crains que ce faible essai ne puisse répondre à l'attente d'un Monarque, qui réunit à un degré si éminent, la connaissance parfaite des langues d'Athènes, de Rome, et de divers idiômes de l'Europe.

Le but d'utilité générale dans lequel j'ai composé cet ouvrage, au moment où l'instruction publique va être discutée dans les Chambres, me fait espérer, SIRE, que Votre Majesté daignera accueillir avec bienveillance mes faibles efforts, et encourager la continuation de mon zèle pour l'instruction de la jeunesse.

Je suis avec un très-profond respect,

SIRE,

DE VOTRE MAJESTÉ,

Le très-humble, très-obéissant, et très-fidèle sujet,

J. N. BLONDIN,

Secrétaire interprète à la Bibliothèque du Roi, sous Sa Majesté Louis XVI.

AVERTISSEMENT.

Convaincu avec les Rollin, les Dumarsais, les Condillac, que dans l'étude et dans l'enseignement des langues, on doit procéder par l'analyse, c'est-à-dire, marcher du plus connu au moins connu, j'ai conçu le projet d'une *Grammaire latine démonstrative, comparée par analogie avec le français.*

Avant de revêtir de l'expression latine un mot quelconque, j'en donne la définition claire, exacte et concise.

Je fais précéder ma Grammaire d'une introduction, dans laquelle je donne la définition de la voyelle, de la consonne, de la diphthongue, de la cédille, du tréma, de l'astérisque, des guillemets, de la lettre euphonique, de la lettre figurative, de l'ellipse, de l'antithèse, de la ponctuation, etc.

Je divise ma nouvelle méthode en deux parties : dans la première, sous le rapport du mécanisme ; dans la seconde, sous le rapport du génie ; je considère parallèlement le latin avec le français.

a

Quoique la langue française n'ait point de cas, la faisant servir de type au latin, je suis obligé de lui en supposer. Je donne la définition claire et concise de chacun des cas ; j'en explique l'emploi, et j'indique les articles français correspondans aux cas latins.

Je donne une phrase française dans laquelle se trouvent renfermés tous les cas latins.

Dans un cadre de seize lignes, je présente le tableau synoptique des désinences des cinq déclinaisons, ainsi que celui des désinences des substantifs dérivés du grec des trois premières déclinaisons.

Je donne une manière sûre de convertir sur-le-champ en latin, les désinences d'un grand nombre de substantifs et d'adjectifs français.

J'indique les adjectifs latins qui n'ont que le comparatif, et ceux qui n'ont que le superlatif.

J'explique la manière dont se placent en français et en latin les pronoms personnels.

Je présente une manière sûre de connaître sur-le-champ en traduisant, les pronoms personnels français, correspondans aux désinences des diverses personnes des temps simples et composés des verbes latins actifs, neutres, passifs et déponens.

Je divise les verbes français et latins en temps simples et en temps composés.

Je donne la manière de conjuguer affirmativement et interrogativement les temps simples et composés des verbes auxiliaires *avoir* et *être*.

Je présente le tableau synoptique de la conjugaison des temps simples et composés des verbes français, actifs, passifs, neutres, réfléchis, réciproques et impersonnels.

Je donne la manière d'analyser les verbes.

J'explique les cas où les verbes français, terminés par *ayer, oyer, uyer,* conservent le *y*, ou changent le *y* en *i* simple.

J'indique les verbes terminés par *ayer*, qui conservent le *y* dans tous les temps, et dans toutes les personnes.

Je désigne les cas où les verbes, terminés par *eler,* et par *eter,* devant une voyelle, doublent, ou ne doublent point les consonnes *l* et *t*.

Je donne la manière de connaître, quand, dans la personne d'un verbe, un *é* aigu, suivi d'une consonne et d'une voyelle, se change, ou ne se change pas en *é* grave.

J'indique les verbes terminés par *ure* ou par *uer*, qui, dans certains temps, et dans certaines personnes, doivent prendre un *ï* tréma.

Je donne la manière de conjuguer sur-le-champ, dans leurs temps simples, un grand nombre de verbes, qu'à tort, jusqu'à présent, les Grammairiens ont classés au rang des verbes irréguliers, puisque ces verbes, dans leurs diverses personnes, se conjuguent comme les verbes réguliers, et qu'ils n'en diffèrent que par une lettre euphonique sub-stituée à la consonne, devant une voyelle.

Je présente le tableau synoptique des temps simples et composés du verbe *esse*, et celui des temps simples et composés des verbes *actifs, neutres, réfléchis, réci-proques* et *impersonnels latins*.

Par l'addition d'une lettre aux désinences des verbes *actifs* latins, je fais connaître sur-le-champ la conjugaison des temps simples des verbes *passifs* et *déponens*.

Je trace le tableau synoptique des temps

simples et composés des verbes *irréguliers* et *défectueux* latins.

Je donne la manière d'interroger par eux-mêmes en français, à la première personue du singulier du présent de l'indicatif, certains verbes, qu'à tort, les Grammairiens veulent qu'on interroge par *est-ce que* ?

Je présente le tableau synoptique de la concordance des temps simples et composés des verbes français et latins.

J'indique la manière, dont, en latin, le verbe *esse* et les verbes réguliers et irréguliers, forment leur imparfait subjonctif.

Je trace le tableau synoptique des verbes actifs et neutres français, qui forment irré-gulièrement leur imparfait subjonctif.

J'indique les verbes français qui n'ont pas de prétérit défini, et par conséquent d'im-parfait subjonctif. Je désigne les verbes dont on doit se servir pour les conjuguer.

Je donne la manière de distinguer en fran-çais, le participe présent terminé par *ant*, de l'adjectif également terminé par *ant*.

Je résous par antithèse en deux seules règles, les participes passés français.

Je fais observer, que le participe passé latin est toujours variable avec un temps composé d'un verbe passif.

J'indique la manière dont se forment en français et en latin les adverbes.

J'explique les cas où, en français, la préposition doit, ou ne doit pas se répéter.

Je trace le tableau synoptique des prépositions latines qui régissent différens cas.

J'indique les conjonctions françaises et latines qui régissent les temps de l'indicatif, et celles qui régissent les temps du subjonctif.

J'explique les cas où, en français, la préposition *de* régit le substantif au singulier, ou au pluriel.

Je donne les diverses manières dont s'exprime en latin le *que* conjonctif, après les verbes qui marquent *le doute*, *la crainte*, *le désir*, *l'attente*, *quelque affection*, ou *une passion quelconque*.

Je fais observer que, le *que* conjonctif se retranche, après les verbes qui marquent *la certitude*, *la promesse*, *l'espoir*, *la menace*, etc.

J'explique la manière d'employer en français *son*, *sa*, *ses*, ou le pronom *en*.

Je donne une règle facile pour connaître, quand, en latin, *son, sa, ses, leur, leurs,* doivent se rendre par *suus, sua, suum,* ou par *ejus, illius, illorum, illarum.*

J'explique les cas, où en français, *quelque* est variable ou invariable, et quand on doit séparer *quel* de *que.*

J'indique les diverses manières dont se rend en latin *quelque* suivi de *que,* signifiant *environ,* suivi d'un substantif et d'un verbe, ou suivi d'un verbe et d'un substantif.

J'explique les cas, où en français, *tout* est variable ou invariable.

J'indique les diverses manières dont se rend en latin *tout,* suivi d'un adjectif, d'un participe, ou d'un adverbe ; signifiant *entiè-rement,* ou pris *collectivement.*

J'explique les cas, où en français, *on* régit l'adjectif au féminin, et quand il doit prendre ou ne pas prendre la lettre euphonique *l.*

J'indique les diverses manières dont se rend en latin *on* ou *l'on,* etc.

Dans le cours que j'ouvrirai en faveur de Messieurs les Souscripteurs, je démontrerai *sur le tableau* (comme je l'ai pratiqué de-puis trente ans, dans mes cours publics et gratuits à l'Oratoire, au collége des Quatre-Nations, et au Louvre), les questions contenues dans mon ouvrage.

Je serai amplement dédommagé des veilles et des recherches que m'a coûté cette Grammaire, si, par des formules claires, simples et faciles, je puis hâter les progrès des élèves, leur épargner le dégoût et l'ennui, économiser leur temps, l'argent de leurs parens, et alléger la peine des personnes qui se consacrent aux honorables, mais pénibles fonctions de l'instruction publique.

INTRODUCTION PRÉLIMINAIRE.

La Grammaire est l'art d'employer ce que l'usage a introduit dans une langue, soit pour la parler, soit pour l'écrire correctement.

Pour parler et pour écrire correctement, on emploie des mots; les mots sont composés de lettres ou de caractères.

Les lettres se divisent en voyelles et en consonnes.

Les voyelles sont *a*, *e*, *i*, *o*, *u*. On les appelle *voyelles*, parce que seules, elles forment un son.

Les consonnes sont *b*, *c*, *d*, *f*, *g*, *h*, etc. Ces lettres s'appellent *consonnes*, parce qu'elles ne produisent de son qu'avec le secours des voyelles.

Toutes ces lettres, d'après la décision de l'Académie, sont du genre masculin.

DES ESPECES D'*E*.

On distingue cinq espèces d'*e* : l'*e* muet, l'*e* sourd, l'*e* fermé, l'*e* ouvert, l'*e* fortement ouvert.

L'*e* muet, rend un son peu sensible : *bonne, sage.*

L'*e* sourd, sonne faiblement avec la consonne : *redemande, reprendre.*

L'*e* fermé, se prononce la bouche presque fermée : *régénéré, précédé.*

L'*e* ouvert, se prononce en ouvrant la bouche : *succés, procés.*

L'*e* fortement ouvert, se prononce la bouche bien ouverte : *bléme, supréme.*

ACCENTUATION.

Il y a trois sortes d'accents : l'accent aigu, l'accent grave et l'accent circonflexe.

L'accent aigu (´) se place sur les *e* fermés : *agrée, créé, poésie, poétique, poétiquement.*

L'accent grave (`) se place sur les *e* ouverts : *progrés, excés, poéme, poéte.*

L'accent circonflexe (^) se place sur la

voyelle d'une syllabe dont on a retranché une lettre : *pâle*, *créme*, *flûte*, *dôme*, *sûr* (certain), *île*.

L'*y* a le son de l'*i* simple : il *y* aura.

Il a le même son entre deux consonnes dans les mots dérivés du latin et du grec : *asyle*, *analyse*, *mystère*, etc.

L'*y* a le son de deux *i* dans les mots *pays*, *payer*, *paysan* : prononcez *pai-is*, *pài-ier*, *pai-isan*.

La lettre *h* est tantôt muette et tantôt aspirée.

Elle est muette et ne sonne point dans les mots : *homme*, *honneur*; mais elle est aspirée, c'est-à-dire se prononce du gosier, dans les mots : *harangue*, *hardi*, *harassé*, etc.

Dans le mot *héros*, la lettre *h* est aspirée, mais elle ne l'est point dans les mots *héroïsme*, *héroïne*; prononcez, l'*éroïsme*, l'*éroïne*.

Elle ne l'est point non plus dans toile ou fromage d'*Hollande*, eau de la reine d'*Hongrie*.

DES SYLLABES.

Une syllabe est un son formé d'une ou de plusieurs lettres.

Amabilité est un mot composé de cinq syllabes : *a-ma-bi-li-té*.

DES MONOSYLLABES.

On appelle monosyllabe, un mot qui n'est composé que d'une syllabe : *fort, dans.*

DES DIPHTHONGUES.

La diphthongue est la réunion de sons en une syllabe : *ambition, ingénieux, matériel.*

DE L'APOSTROPHE.

L'apostrophe marque le retranchement d'une de ces trois lettres *a, e, i : l'enfant* pour *le enfant*, *l'étude* pour *la étude*, *l'honneur* pour *le honneur*, *s'il* pour *si il.*

DE LA CÉDILLE.

La cédille (ç) est une petite virgule que l'on met sous la lettre *c* devant les voyelles *a*, *o*, *u*, pour lui donner le son de la lettre *s* : *façade*, *leçon*, *reçu*.

DU TRAIT D'UNION.

Le trait d'union (-) est une petite ligne qui sert à unir deux mots : *celui-ci, cette femme-là, des bouts-rimés*.

DU TRÉMA.

Le tréma (··) est la réunion de deux points qui se placent sur les voyelles *e*, *i*, *u*, quand ces deux lettres ne doivent pas être prononcées, ou ne font pas syllabe avec la voyelle qui précède : *haïr*, *aïeul*, *Héloïse*, *ciguë*, *naïf*, *Saül*, *Moïse*, *faïence*, *Maïence*, *païenne*, *Maïenne*, *baïonnette*, *Baïonne*, *aïeux*, *Baïeux*.

DE L'ASTÉRISQUE.

L'astérisque (*) est une marque en forme d'étoile qui indique un renvoi.

DES GUILLEMETS.

Les guillemets (») sont deux virgules,

que l'on met au commencement, et à la fin des phrases ou des discours, que l'on veut faire remarquer particulièrement.

DE LA PARENTHÈSE.

La parenthèse ( ) est formée de deux crochets; on s'en sert pour renfermer des paroles qui forment un sens distinct et séparé de celui de la période où elles sont insérées :

Je voudrais être (vous le croyez bien) *un homme riche, je ferais des heureux.*

DE LA LETTRE EUPHONIQUE.

On appelle lettre euphonique, une lettre, qui devant une voyelle, est ajoutée, ou est substituée à une autre, afin de ne pas blesser la délicatesse de l'oreille :

Pense-t-il? priera-t-elle? viendra-t-on? emploiera-t-il? envoie-t-elle?

Nous cou*s*ons au lieu de nous cou*d*ons, etc.

Nous mou*l*ons au lieu de nous mou*d*ons, etc.

DE LA LETTRE FIGURATIVE.

On appelle lettre figurative, la lettre, qui dans les noms et dans les verbes, termine la partie invariable du mot : ainsi dans *prévoir*, *v* est la lettre figurative, parce que *v* précède *oir* qui est la désinence de l'infinitif.

Dans *nous peignîmes*, la lettre figurative est *n*, parce que *n* précède *îmes* qui est la désinence de la première personne du pluriel du prétérit défini.

DE L'ELLIPSE.

L'ellipse est le retranchement d'un ou de plusieurs mots, qui seraient nécessaires pour compléter la construction.

On fait usage de cette figure, lorsque, sans nuire au sens de la phrase, on peut retrancher certains mots, et par ce moyen, exprimer ses idées d'une manière plus brève et plus concise :

Je t'aimais orpheline, qu'eussé-je fait, si ma fille.
 (*si tu eusses été ma fille*).

DE L'ANTITHESE.

L'antithèse est l'opposition de pensées, de mots :

La reine était humble sans bassesse, simple sans superstition, exacte sans scrupule, sublime sans prétention. (Fléchier).

PONCTUATION.

La ponctuation est la manière de marquer en écrivant les endroits d'un discours où l'on doit s'arrêter, pour en distinguer les différens sens, ou pour reprendre haleine.

La virgule (,) sert pour distinguer les substantifs, les adjectifs, les verbes et les adverbes :

Amélie, Adélaïde, Marie, Victoire, sont jolies, aimables, instruites, bienfaisantes, vertueuses.

Boire, manger, jouer, dormir, se promener, aller au spectacle, sont les occupations les plus ordinaires des personnes fortunées.

Un discours doit être prononcé *claire-*

ment , *distinctement , noblement , vive-*
ment.

La virgule sert encore à distinguer les différentes parties d'une phrase :

» L'homme doit discerner, s'il veut se rendre heureux,
» Du plaisir innocent, le plaisir dangereux. »   (*Du Resnel*).

Le point avec la virgule (;) se met après une phrase finie, mais suivie d'une autre qui sert à l'étendre et à l'éclaircir :

Il faut, autant qu'on peut, obliger tout le monde;
On a souvent besoin d'un plus petit que soi.   (*La Fontaine.*)

Les deux points (:) s'emploient, quand on annonce un fait, un discours, ou une citation :

On dit de La Mothe :

Il voulait rire comme La Fontaine ; mais il n'avait pas la bouche faite comme lui , et il faisait la grimace.

Le point (.) se place à la fin d'une phrase entièrement finie :

Celui qui met un frein à la fureur des flots ,
Sait aussi des méchans arrêter les complots.   (*Racine.*)

Le point suspensif (...) sert à distinguer les morceaux dont l'intérêt exige une longue suspension :

» Cours chez elle à l'instant; va, vole, Corasmin,
» Montre-lui cet écrit... qu'elle tremble... et soudain
» De cent coups de poignard que l'infidèle meure.

(Voltaire.)

Le point interrogatif (?) se met à la fin des phrases qui expriment une interrogation :

Que désirez-vous? que cherchez-vous? où allez-vous ?

Le point admiratif ou exclamatif (!) se met à la fin des phrases qui expriment une admiration ou une exclamation :

Que je serai amplement dédommagé de mes veilles, si ce faible essai peut mériter les suffrages du public !

GRAMMAIRE LATINE

DÉMONSTRATIVE,

COMPARÉE PAR ANALOGIE

AVEC LE FRANÇAIS.

~~~~~~

DES PARTIES DU DISCOURS.

La langue française est composée de neuf sortes de mots : l'*Article*, le *Nom*, le *Pronom*, le *Verbe*, le *Participe*, l'*Adverbe*, la *Préposition*, la *Conjonction* et l'*Interjection*.

La langue latine au contraire, n'est composée que de huit sortes de mots, parce qu'elle n'a pas d'articles, mais des cas.

En français, les cinq premières espèces de mots sont variables, c'est-à-dire, prennent le genre et le nombre du substantif; mais en latin, il n'y a que le nom, le pronom, le verbe, et les participes présents, passés et passifs, qui soient variables. En français comme en latin, les quatre dernières espèces de mots sont invariables; c'est-à-dire, ne prennent ni le genre ni le nombre du substantif.
~~~~~~

I. DE L'ARTICLE.

L'*article* se met devant les noms, pour les spé-cifier individuellement :

Le, l', la, les ; du, de l', de la, des ; au, à l', aux ; un ou *une.*

DU GENRE.

Le *genre* est une manière de distinguer par l'expression ce qui est mâle ou femelle, ou ce qui y a seulement rapport.

Il y a deux genres : le *masculin* et le *féminin.*

Le masculin, *le* ou *un père ;* le féminin, *la* ou *une fleur.*

Les latins ont un troisième genre qu'ils ap-pellent *neutre,* parce qu'il renferme des noms qui ne sont ni du genre masculin, ni du genre féminin.

DU NOMBRE.

Le *nombre* exprime la pluralité des personnes ou des choses.

Il y a deux sortes de nombres : le *singulier* et le *pluriel.*

Le singulier, *le* ou *un tableau ;* le pluriel, *les tableaux.*

II. DU NOM.

Le *nom* sert à nommer une personne ou une chose.

Il y a deux sortes de noms : le nom *substantif* et le nom *adjectif.*

Le nom *substantif* exprime la substance ou la chose.

On le reconnaît, quand on peut y joindre *un* ou *une ;* ainsi je reconnais que les mots *château, jardin,* sont des substantifs, parce que je puis dire *un château, un jardin.*

Le nom *adjectif* exprime la qualité ou la modification de la personne ou de la chose.

On le reconnaît, quand on peut y joindre *per-sonne* ou *chose.*

Fille modeste, plumet rouge. Je reconnais que les mots *modeste* et *rouge* sont des adjectifs, parce que je puis dire *personne modeste, chose rouge.*

Il y a trois sortes de substantifs : *communs, propres, collectifs.*

Communs ; conviennent à plusieurs personnes ou à plusieurs choses semblables; leur lettre initiale ou première lettre doit être *minuscule,* c'est-à-dire petite, à moins qu'ils ne commencent une phrase : *héros, géant.*

Propres ; ne conviennent qu'à une seule personne ou à une seule chose; leur lettre initiale doit être *majuscule*, c'est-à-dire grande : *Pierre, Rome.*

Collectifs; quoiqu'au singulier, présentent à l'esprit la réunion de plusieurs personnes ou de plusieurs choses; leur lettre initiale doit être *minuscule : armée, forét, épis, peuple,* etc. etc.

Manière d'analyser les substantifs et les adjectifs.

On dira :

1° Si c'est un substantif ou un adjectif, à quel signe on le reconnaît ;

2° Si le substantif est commun, propre ou collectif ;

3° Quelle est sa lettre initiale ou première lettre ? majuscule ou minuscule ;

4° Quel est son genre ? masculin ou féminin ;

5° Quel est son nombre ? singulier ou pluriel.

DES CAS.

La langue française n'a pas de cas; mais je suis obligé de lui en supposer, parce que je la fais servir de type au latin.

On appelle *cas,* les différentes terminaisons ou désinences dont sont susceptibles les noms, tant au singulier qu'au pluriel.

Il y a six cas :

Le *nominatif*, le *génitif*, le *datif*, l'*accusatif*, le *vocatif*, et l'*ablatif*.

Articles français correspondants aux cas latins.

Le nominatif *le*, *la*, *les*, *un*, *une*, est le sujet ou le nominatif du verbe; il le précède ordinairement, et il répond à la question *qui?* ou *qui est-ce qui?*

Le génitif *de*, *du*, *de la*, *des*, *d'un*, *d'une*, entre deux substantifs, marque appartenance, et répond aux questions *de qui?* pour les personnes; *de quoi?* pour les choses.

Le datif *à*, *au*, *à la*, *à un*, *à une*, est le terminatif de l'action, le but où elle se dirige. Il répond aux questions *à qui?* pour les personnes; *à quoi?* pour les choses.

L'accusatif *le*, *la*, *les*, *un*, *une*, marque l'objet direct d'une action ; il répond aux questions *qu'est-ce que?* pour les personnes; *quoi?* pour les choses. Il est le régime direct du verbe, ou de la préposition exprimée ou sous-entendue.

Le vocatif *ô* sert à appeler, ou à invoquer : *ô Bossuet*, *ô grand homme.*

L'ablatif *de*, *du*, *de la*, *des*, *par le*, *par la*, *par les*, *d'un*, *d'une*, *par un*, *par une*, est régi par un verbe, ou par une préposition exprimée ou sous-entendue. Il répond aux questions *d'où?*

pour les lieux; *de qui?* pour les personnes; *de quoi?* pour les choses; *par qui?* pour les personnes; *par quoi?* pour les choses.

Phrase analysée, dans laquelle se trouve renfermé l'emploi de tous les cas.

« Ta sœur, mon fils, a donné à son cousin les
» œuvres de Racine, parce que son cousin est
» chéri de tout le monde à cause de sa sagesse et
» de sa modestie ».

Qui est-ce qui a donné? ta sœur, sujet nominatif.

Mon fils, vocatif, parce qu'on adresse la parole au fils, c'est l'interpellatif.

A qui a-t-elle donné? à son cousin, datif, parce que *à* est le terminatif de l'action, le but où elle se dirige.

Quoi? les œuvres, régime direct du verbe donner.

De qui? de Racine, génitif, parce que *de* marque appartenance, et est entre deux substantifs.

Parce que son cousin est chéri;

Qui est-ce qui est chéri? son cousin, sujet, nominatif.

De ou *par qui est-il chéri? de tout le monde*, ablatif, régi par le verbe passif *est chéri.*

A cause de quoi? de sa sagesse, régime de la préposition *à cause de.*

Et, conjonction, qui veut après elle le même cas et le même temps qu'auparavant.

De sa modestie, également régie par la préposition *à cause de*, sous-entendue.

La diversité qui se trouve dans les mêmes cas s'appelle *déclinaison ;* et comme un cas peut varier de cinq manières différentes, on compte cinq déclinaisons, que l'on distingue par la terminaison du génitif singulier ou pluriel.

Les dictionnaires présentent les noms avec la désinence du nominatif et du génitif, ainsi que l'indication du genre, marqué par un *m.* masculin, *f.* féminin, *n.* neutre.

Ce dernier est un nom qui a trois cas semblables au singulier comme au pluriel ; le *nominatif*, l'*accusatif* et le *vocatif*.

Désinence des cinq déclinaisons au génitif singulier et pluriel.

	SINGULIER.	PLURIEL.
1.	*œ.*	*arum.*
2.	*i.*	*orum.*
3.	*is.*	*um* et *ium.*
4.	*ús.*	*uum.*
5.	*ei.*	*erum.*

Du génitif se forment les cas qui le suivent ;

ils en gardent la lettre figurative, c'est-à-dire, la lettre qui précède la terminaison du substantif.

PREMIÈRE DÉCLINAISON.

Cette première déclinaison comprend des noms masculins et féminins terminés en *a*.

Désinence des cas correspondants aux adjectifs, aux pronoms possessifs, et aux participes passés passifs féminins.

SINGULIER.

Nominatif.   *Rosa*, la *ou* une rose; sujet du verbe (*qui est-ce qui ?*)

Génitif . .   *Ros-æ*, de la *ou* d'une rose; entre deux substantifs (*de qui? de quoi?*)

Datif . . .   *Ros-æ*, à la *ou* à une rose; régime indirect du verbe (*à qui? à quoi?*)

Accusatif .   *Ros-am*, la *ou* une rose; régime direct du verbe (*qu'est-ce que? ou quoi?*)

Vocatif . .   ô *Ros-a*, ô rose; quand on interpelle.

Ablatif . .   *Ros-á*, de la *ou* par la, d'une *ou* par une rose; régi par un verbe ou par une préposition (*de qui? de quoi? par qui? par quoi?*)

PLURIEL.

Nominatif.   *Ros-æ*, les roses; sujet du verbe (*qui est-ce qui?*)

Génitif . .   *Ros-arum*, des roses; entre deux substantifs (*de qui? de quoi?*)

Datif . . .   *Ros-is*, aux roses; régime indirect du verbe (*à qui? à quoi?*)

Accusatif .   *Ros-as*, les roses; régime direct du verbe (*qu'est-
ce que? quoi?*)

Vocatif . .   ó *Ros-æ*, ô roses; quand on interpelle.

Ablatif . .   *Ros-is*, des *ou* par les roses; régi par un verbe
ou par une préposition; (*de qui? de quoi? par
qui? par quoi?*)

Ainsi se déclinent :

Gloria, la *ou* une gloire; génitif, *glori-æ.*
Corona, la *ou* une couronne; génitif, *coron-æ.*

DEUXIÈME DÉCLINAISON.

Les noms de cette déclinaison sont terminés en
us, en *er*, en *ir* et en *um*.

Les substantifs terminés en *um* sont neutres, et
ont trois cas semblables : le nominatif, l'accusatif et le vocatif. Ils sont terminés en *a* au pluriel,
ainsi que les noms neutres de la troisième et de la
quatrième déclinaison.

Les substantifs terminés en *us* ont le vocatif singulier terminé en *e ;* ceux terminés par *er* ou par
ir, ont le vocatif semblable au nominatif.

Désinence des cas correspondants aux adjectifs, aux pronoms possessifs, et aux participes passés masculins.

SINGULIER.

Nominatif..   *Hortus ,* le *ou* un jardin; sujet du verbe (*qui
est-ce qui?*)

Génitif . . *Hort-i*, du *ou* d'un jardin; entre deux substantifs
             (*de qui? de quoi?*)
Datif . . . *Hort-o*, au *ou* à un jardin; régime indirect du
             verbe (*à qui? à quoi?*)
Accusatif . *Hort-um*, le *ou* un jardin; régime direct du verbe
             (*qu'est-ce que? quoi?*)
Vocatif. .   *ô hort-e*, ô jardin; quand on interpelle.
Ablatif . . *Hort-o*, du *ou* par le jardin, d'un *ou* par un jar-
             din; régi par un verbe ou par une préposition;
             (*de qui? de quoi? par qui? par quoi?*)

PLURIEL.

Nominatif.   *Hort-i*, les jardins; sujet du verbe.
Génitif . . *Hort-orum*, des jardins; entre deux substantifs.
Datif . . . *Hort-is*, aux jardins; régime indirect du verbe.
Accusatif . *Hort-os*, les jardins; régime direct du verbe.
Vocatif. .   *ô hort-i*, ô jardins; quand on interpelle.
Ablatif . . *Hort-is*, des *ou* par les jardins; régi par un verbe
             ou par une préposition.

Ainsi se déclinent :

Populus, le *ou* un peuple; génitif, *popul-i*.
Cervus, le *ou* un cerf; génitif, *cerv-i*.

Les noms suivans :

Nominatif, *ager*, le *ou* un champ; génitif, *agr-i*, du *ou* d'un
champ,
Nominatif, *vir*, le *ou* un homme; génitif, *vir-i*, de l'homme *ou*
d'un homme ,

se déclinent comme *hortus.*

DÉCLINAISON D'UN NOM NEUTRE.

SINGULIER.

Nom. acc. voc.	*Malum*, la *ou* une pomme.
Génitif	*Mal-i*, de la *ou* d'une pomme.
Datif	*Mal-o*, à la *ou* à une pomme.
Ablatif	*Mal-o*, de la, par la, d'une *ou* par une pomme.

PLURIEL.

Nom. acc. voc.	*Mal-a*, les pommes.
Génitif	*Mal-orum*, des pommes.
Datif	*Mal-is*, aux pommes.
Ablatif	*Mal-is*, des *ou* par les pommes.

Ainsi se déclinent :

Bellum, la *ou* une guerre; génitif, *bell-i*.
Theatrum, le *ou* un théâtre; génitif, *theatr-i*.

TROISIÈME DÉCLINAISON.

Cette déclinaison comprend des noms de tout genre et de toute déclinaison.

Désinence des cas correspondans aux adjectifs et aux participes passés masculins et féminins.

SINGULIER.

Nominatif, vocatif.	*Frater*, le *ou* un frère.
Génitif.	*Fratr-is*, du *ou* d'un frère.

Datif. . . . .   *Fratr-i*, au *ou* à un frère.
Accusatif. . . . . .   *Fratr-em*, le *ou* un frère.
Ablatif. . . . .   *Fratr-e*, du *ou* par le frère, d'un *ou* par
un frère.

PLURIEL.

Nom. acc. voc.. . .   *Fratr-es*, les frères.
Génitif. . . . . . .   *Fratr-um*, des frères.
Datif. . . . .   *Fratr-ibus*, aux frères.
Ablatif. . . . . . .   *Fratr-ibus*, des *ou* par les frères.

Ainsi se déclinent :

Honor, le *ou* un honneur; génitif, *honor-is.*
Virtus, la *ou* une vertu; génitif, *virtut-is.*

DÉCLINAISON D'UN NOM NEUTRE.

SINGULIER.

Nom. acc. voc.   *Nemus*, la *ou* une forêt.
Génitif . . . . .   *Nemor-is*, de la *ou* d'une forêt;
Datif . . . . . .   *Nemor-i*, à la *ou* à une forêt.
Ablatif . . . . .   *Nemor-e*, de la *ou* par la forêt, d'une *ou* par
une forêt.

PLURIEL.

Nom. acc. voc.   *Nemor-a*, les forêts.
Génitif . . . . .   *Nemor-um*, des forêts.
Datif . . . . . .   *Nemor-ibus*, aux forêts.
Ablatif . . . . .   *Nemor-ibus*, des *ou* par les forêts.

Ainsi se déclinent:

Fœdus, le *ou* un traité; génitif, *fœder-is.*
Lumen, la *ou* une lumière; génitif, *lumin-is.*

QUATRIÈME DÉCLINAISON.

Elle comprend des noms masculins et féminins dont le nominatif est en *us*, et des neutres en *u*, qui ne sont déclinables qu'au pluriel.

SINGULIER.

Nominatif, vocatif.	*Currus*, le *ou* un char.
Génitif.	*Curr-ús*, du *ou* d'un char.
Datif.	*Curr-ui*, au *ou* à un char.
Accusatif	*Curr-um*, le *ou* un char.
Ablatif	*Curr-u*, du *ou* par le char, d'un *ou* par un char.

PLURIEL.

Nom. acc. voc. . .	*Curr-us*, les chars.
Génitif.	*Curr-uum*, des chars.
Datif	*Curr-ibus*, aux chars.
Ablatif.	*Curr-ibus*, des *ou* par les chars.

Ainsi se déclinent :

Manus, la *ou* une main; génitif, *man-ús.*
Vultus, le *ou* un visage; génitif, *vult-ús.*

DÉCLINAISON D'UN NOM NEUTRE EN *U*.

SINGULIER.

Nom. acc. voc.　　*Genu*, le *ou* un genou.
Génitif . . . . .　　*Gen-u*, du *ou* d'un genou.
Datif . . . . . .　　*Gen-u*, au *ou* à un genou.
Ablatif . . . . .　　*Gen-u*, du *ou* par le genou, d'un *ou* par un
genou.

PLURIEL.

Nom. acc. voc.　　*Genu-a*, les genoux.
Génitif . . . . .　　*Gen-uum*, des genoux.
Datif . . . . . .　　*Gen-ibus*, aux genoux.
Ablatif . . . . .　　*Gen-ibus*, des *ou* par les genoux.

Ainsi se déclinent :

Cornu, la *ou* une corne.
Tonitru, le *ou* un tonnerre.

CINQUIÈME DÉCLINAISON.

Les noms de cette cinquième déclinaison ont
le nominatif en *es*, et sont du féminin, excepté
dies, qui est du masculin et du féminin.

SINGULIER.

Nominatif, vocatif.　　*Dies*, le *ou* un jour.
Génitif . . . .　　*Di-ei*, du *ou* d'un jour.
Datif . . . .　　*Di-ei*, au *ou* à un jour.

Accusatif. . . . . . . *Di-em*, le *ou* un jour.
Ablatif. . . . . *Di-e*, du *ou* par le jour, d'un *ou* par
un jour.

PLURIEL.

Nom. acc. voc. . . *Dies*, les jours.
Génitif. . . . . *Di-erum*, des jours.
Datif. . . . . *Di-ebus*, aux jours.
Ablatif. . . . . *Di-ebus*, des *ou* par les jours.

Ainsi se déclinent :

Res, la *ou* une chose; génitif, *re-i.*
Species, la *ou* une apparence; génitif *speci-ei.*

Nota benè. Les génitifs, datifs et ablatifs pluriels de cette déclinaison, ne sont guère usités que pour *res*, *dies* et *species*.

OBSERVATIONS

Sur les noms de la première déclinaison.

Les noms féminins suivans : *anima*, âme; *asina*, anesse; *dea*, déesse; *domina*, maîtresse; *equa*, cavale, jument; *famula*, servante; *filia*, fille; *liberta*, affranchie; *mula*, mule; *nata*, fille; *serva*, esclave; *socia*, compagne; font le datif et l'ablatif pluriel en *abus*, pour les distinguer des noms masculins en *us* qui y répondent : *famulus*, serviteur; *equus*, cheval; *filius*, fils; *asinus*, âne; etc. etc.

OBSERVATIONS

Sur les noms de la deuxième déclinaison.

Les substantifs masculins suivans : *agnus*, agneau ; *chorus*, le chœur ; *pinus*, pin ; *Deus*, Dieu ; ont le vocatif en *us*.

Meus fait au vocatif *mi*.

Filius, fils ; *Genius*, génie ; et les noms propres en *ius*, font le vocatif en *i*.

Fili, *geni*, *Antoni*, Antoine.

Deus, dieu, fait au pluriel : nominatif, vocatif, *Dii*, génitif *Deorum* ; quelquefois par syncope (1) *Deûm*, ablatif *Diis*, accusatif *Deos*.

OBSERVATIONS

Sur les noms de la troisième déclinaison.

Les substantifs terminés en *es* ou en *is*, qui n'ont que deux syllabes au génitif, tels que *clades*, *clad-is*, défaite ; *mensis*, *mens-is*, mois ; ont le génitif pluriel en *ium* : *cladium*, *mensium*.

Les substantifs suivans ont l'ablatif singulier en *e*, et le génitif pluriel en *um* : *canis*, chien ; ablatif, *cane* ; génitif, *canum*. — *Juvenis*, jeune-homme ; ablatif, *juvene* ; génitif, *Juvenum*. — *Volucris*, oiseau ; ablatif, *volucre* ; génitif, *volucrum*. — *Vates*, poète ; ablatif, *vate* ; génitif, *vatum* —

____

(1) Retranchement d'une lettre, d'une syllabe.

Apis, abeille; ablatif, *ape* ou *api ;* génitif, *apum.*
— *Panis*, pain; ablatif, *pane ;* génitif, *panum*
ou *panium.*

Les substantifs suivans, terminés en *is*, ont l'accusatif singulier terminé en *im*, l'ablatif singulier en *i*, et le génitif pluriel en *ium : securis*, *secur-is*, la hache; *basis*, la base; *pelvis*, le bassin; *turris*, la tour; *tussis*, la toux; *Tiberis*, le Tibre; *vis*, la force; *sitis.*, la soif; *amussis*, le cordeau; etc.

Accusatif singulier, *securim ;* ablatif, *securi ;* génitif pluriel, *securium.*

Vis fait au pluriel : nom. acc. voc., *vires ;* gén., *virium ;* datif et ablatif pluriel, *viribus.*

Bos, *bovis*, le bœuf; dat., *bovi ;* acc., *bovem ;* voc., *bos ;* abl., *bove.* Pluriel, nom., acc., voc., *boves ;* gén., *boum ;* dat. et abl., *bobus.*

Les noms neutres terminés en *e*, en *al* et en *ar*, ont l'ablatif singulier en *i*, le nominatif, l'accusatif et le vocatif pluriel en *ia*, et le génitif pluriel en *ium.*

Cubile, le lit; abl., *cubili ;* nom., acc., voc., pluriel, *cubilia ;* gén. pluriel, *cubilium.*

Animal, l'animal; abl., *animali ;* nom., acc., voc., pluriel, *animalia ;* gén. pluriel, *animalium.*

Calcar, l'éperon; abl., *calcari ;* nom., acc., voc., pluriel, *calcaria ;* génitif pluriel, *calcarium.*

Sont exceptés de cette règle les noms neutres suivans, qui ont l'ablatif singulier en *e*, et qui n'ont pas de pluriel : *nectar*, le nectar; abl. , *nectare. Jubar*, la splendeur du soleil; abl., *jubare. Hepar*, *hepatis*, foie; abl., *hepate. Bacchar*, capucine (nom de plante); abl., *bacchare. Far*, *farris*, pure farine de froment; abl. , *farre.*

Les substantifs qui n'ont qu'une syllabe au nominatif, font le génitif pluriel en *ium.*

Ars, *artis*, art; gén. pluriel, *artium. Nox*, *noctis*, nuit; gén. pluriel, *noctium. Lis.*, *litis*, procès; gén. pluriel, *litium.*

Sont exceptés de cette règle les monosyllabes suivans : *laus*, *laudis*, louange; *crus*, *cruris*, cuisse (neutre); *dux*, *ducis*, chef; *flos*, *floris*, fleur; *fraus*, *fraudis*, fraude; *fur*, *furis*, voleur; *lex*, *legis*, loi; *mos*, *moris*, coutume; *nux*, *nucis*, noix; *pes*, *pedis*, pied; *grus*, *gruis*, grue; *rex*, *regis*, roi; *res*, *renis*, rein; *sus*, *suis*, porc; *thus*, *thuris*, encens; qui font leur génitif pluriel en *um* : *laudum*, *crurum*, *ducum*, *florum*, etc. etc.

Pax, *pacis*, paix; *fax*, *facis*, flambeau; *fex*, *fecis*, lie; *nex*, *necis*, mort; *pix*, *picis*, poix; *plebs*, *plebis*, peuple; *lux*, *lucis*, lumière; *mel*, *mellis*, miel; *rus*, *ruris*, campagne; *fel*, *fellis*, fiel; *sol*, *solis*, soleil; *œs*, *œris*, airain; n'ont pas de génitif pluriel.

Les noms neutres terminés en *ma* ont un double datif et ablatif terminé en *is* ou en *ibus*.

Enigma, énigme; datif et ablatif pluriel, *enigmatis* ou *enigmatibus*.

OBSERVATIONS

Sur les noms de la quatrième déclinaison.

Acus, aiguille; *arcus*, arc; *artus*, membre du corps; *ficus*, figue, figuier; *lacus*, lac; *partus*, enfantement; *portus*, port; *quercus*, chêne; *specus*, caverne; *tribus*, tribu; *veru*, broche; font *ubus* aux datif et ablatif pluriel : *acubus*, *arcubus*, *artubus*, *ficubus*, *lacubus*, *portubus*, *partubus*, *quercubus*, *specubus*, *tribubus*, *verubus*.

Jesus, fait à l'accusatif singulier *Jesum*, et aux autres cas, *Jesu*.

NOM IRRÉGULIER.

SINGULIER.

Nominatif, vocatif. *Domus*, la *ou* une maison.
Génitif . . . . *Dom-ûs;* et *domi* quand on indique l'endroit où l'on est.
Datif . . . . *Dom-ui* et *domo*.
Accusatif. . . . . . *Dom-um*.
Ablatif . . . . *Dom-o*.

PLURIEL.

Nominatif, vocatif. *Domus*, les maisons.
Génitif. . . . . . . *Dom-uum*, *dom-orum*.
Datif, ablatif. . . . *Dom-ibus*.
Accusatif. . . . . . *Dom-us*, *dom-os*.

TABLEAU SYNOPTIQUE (*)

Des désinences des cas des cinq déclinaisons, correspondans aux adjectifs, aux pronoms possessifs, aux participes présens et aux participes passés passifs, masculins, féminins et neutres.

SINGULIER.

	1re déclin.	2e.	2e.	2e.	2e neutre.	3e.	3e neutre.	4e.	4e neutre.	5e.
Nominatif	a	er	us	ius	um	er	us	us	u	es.
Génitif	æ	i	i	ii	i	is	is	ûs	u	ei.
Datif	æ	o	o	io	o	is	i	ui	u	ei.
Accusatif	am	um	um	ium	um	em, im.	us	um	û	em.
Vocatif	a	er	e	i	um	er	us	us	u	es.
Ablatif	â	o	o	io	o	e, i	e	u	u	e.

PLURIEL.

	1re déclin.	2e.	2e.	2e.	2e neutre.	3e.	3e neutre.	4e.	4e neutre.	5e.
Nom., voc.	æ	i	ii	a	es	a, ia	us	ua	es.	
Génitif	arum	orum	iorum	orum	um, ium	um, ium	uum	uum	erum.	
Dat., abl.	is, abus.	is	iis	is	ibus	ibus	ibus	ibus	ebus.	
Accusatif	as	os	ios	a	es	a, ia	us	ua	es.	

(†) C'est-à-dire, qui s'offre d'un même coup-d'œil.

Ainsi se déclinent les noms suivans :

1re DÉCLINAISON. *Victoria*, la *ou* une victoire; génitif, *victori-æ* (fém.).

1re .... *Famula*, la *ou* une servante; génitif, *famul æ* (fém.).

2e .... *Liber*, le *ou* un livre; génitif, *libr-i* (masc.).

2e .... *Corvus*, le *ou* un corbeau; génitif, *corv-i* (masc.)

2e .... *Filius*, le *ou* un fils; génitif, *fil-ii* (masc.)

2e .... *Vinum*, le *ou* un vin; génitif, *vin-i* (neutre).

3e .... *Mater*, la *ou* une mère; génitif, *matr-is* (fém.).

3e .... *Turris*, la *ou* une tour; génitif, *turr-is* (fém.).

3e .... *Jecur*, le *ou* un foie; génitif, *jecor-is* (neutre).

3e .... *Mantile*, la *ou* une serviette; génitif, *mantil-is* (neutre).

4e .... *Vultus*, le *ou* un visage; génitif, *vult-ûs* (masc.).

4e .... *Tonitru*, le *ou* un tonnerre; génitif, *tonitr-u* (neutre).

5e .... *Res*, la *ou* une chose; génitif, *re-i* (fém.).

TABLEAU SYNOPTIQUE

Des désinences des cas des noms dérivés du grec, des trois premières déclinaisons.

	SINGULIER.	SINGULIER.	SINGULIER.	SINGULIER.	SINGULIER.	PLURIEL.	SINGULIER.	PLURIEL.
	1re déclin.	1re.	1re. (*)	2e.	3e.	3e.	3e.	3e.
Nominatif.	as	es	e	eus	is	es	os	oes.
Génitif.	æ	æ	es	ei	eos, is	eon	ois	oum.
Datif.	æ	æ	e	eo	i	ibus	oi	oibus.
Accusatif.	an	eu	en	eon, ea, eum	im, in	es	oem, oa.	oes, oas.
Vocatif.	a	e	e	eu	is	es	os	oes.
Ablatif.	â	e	e	eo	i	ibus	oc	oibus.

(*) Les noms dérivés du grec, terminés par *e*, sont féminins ; ils se déclinent au pluriel comme les noms de la première déclinaison : *epitome, epitom-es*, le *ou* un abrégé ; pluriel, *epitom-æ*, les abrégés.

Ainsi se déclinent :

1re DÉCLINAISON. *Æneas*, Énée; génitif, *Æne-æ* (masc.).

1re. . . . . *Alcides*, Hercule; génitif, *Alcid-æ* (masc.).

1re. . . . . *Cybele*, Cybèle; génitif, *Cybel-es* (fém.).

2e. . . . . *Theseus*, Thésée; génitif, *These-i* (masc.).

3e. . . . . *Poesis*, la poésie; génitif, *poes-eos* ou *poes-is* (fém.).

3e. . . . . *Heros*, le héros; génitif, *her-ois* (masc.).

N. B. Les substantifs grecs de la deuxième déclinaison n'ont pas de pluriel; mais ceux de la troisième en ont un.

Désinences des adjectifs latins de la première et de la seconde déclinaison.

Il y a des adjectifs terminés au nominatif par *us*, *a*, *um*, ou par *er*, *ra*, *rum*. La terminaison en *us* et en *er* est pour le masculin, et se rapporte à la deuxième déclinaison; celle en *a* et en *ra* est pour le féminin, et se rapporte à la première déclinaison; celle en *um* et en *rum* est pour le neutre, et se rapporte à la seconde déclinaison.

SINGULIER.

	m.	f.	n.	m.	f.	n.
NOMIN.	*Doctus,*	*docta,*	*doctum.*	*Piger,*	*pigra,*	*pigrum.*
	Savant,	savante,	savant.	Paresseux,	paresseuse,	paresseux.
GÉNIT.	*Doct-i,*	*doct-æ,*	*doct-i.*	*Pigr-i,*	*pigr-æ,*	*pigr-i,* etc.

Désinences des adjectifs de la troisième déclinaison.

Les adjectifs de la troisième déclinaison sont terminés au nominatif masculin et féminin par *is*, au neutre par *e* ; et ceux terminés au masculin par *er*, au féminin par *ris*, et au neutre par *re*, ont l'ablatif singulier en *i*, et le génitif pluriel en *ium*.

SINGULIER.

	m. f.	n.	m.	f.	n.
Nom., voc. .	*Utilis,*	*utile.*	*Celeber,*	*celebris,*	*celebre.*
En français.	Utile,	utile.	Célèbre,	célèbre,	célèbre.
Génitif	*Utilis* } pour les 3 genres.		*Celebris* } pour les 3 genres.		
Datif, ablatif.	*Utili*		*Celebri*		

PLURIEL.

	m. f.	n.	m. f.	n.
Nom. acc. voc.	*Utiles,*	*utilia.*	*Celebres,*	*celebria.*
Génitif	*Utilium* } pour les 3 genres.		*Celebrium* } pour les 3 genr.	
Datif, ablatif.	*Utilibus*		*Celebribus*	

Ainsi se déclinent :

m. f.   n.
Dulcis, dulce, doux.

m.   f.   n.
Alacer, alacris, alacre, actif.

N. B. Les adjectifs qui ne sont pas terminés par *er* ou par *is*, ont la même terminaison au nominatif et au vocatif singulier masculin, féminin et neutre; ils ont l'ablatif singulier en *e* ou en *i*, et le génitif pluriel en *ium*.

SINGULIER.

	m. f. n.
Nom., voc. . . .	*Vigilans*, vigilant.
Génitif.	*Vigilantis* } pour les 3 genres.
Datif.	*Vigilanti* }

	m. f. n.
Accusatif.	*Vigilantem*, *vigilans*.

	m. f. n. m. f. n.
Ablatif.	*Vigilante* ou *vigilanti*.

PLURIEL.

	m. f. n.
Nom., acc., voc.	*Vigilantes*, *vigilantia*.
Génitif.	*Vigilantium* (*) } pour les 3 genres.
Datif, ablatif . .	*Vigilantibus* }

Ainsi se déclinent :

Constans, *constantis*, constant; *ardens*, *ardentis*, ardent; *capax*, *capacis*, capable; *félix*, *felicis*, heureux; *velox*, *velocis*, prompt.

Manière sûre de trouver en français, au singulier masculin, la lettre finale d'un adjectif et d'un participe passé.

Il faut former le féminin de l'adjectif ou du participe passé; ensuite, retrancher l'*e* muet qui est la marque du féminin, et les lettres qui restent,

---

(*) *Vigilans* et *ardens* font quelquefois par syncope, au génitif pluriel, *vigilant-ûm*, *ardent-ûm*.

sont celles avec lesquelles on doit écrire le mot au masculin.

	f.		*f.*
Assis	e	Offert	e
Poli	e	Prompt	e
Séduit	c	Rond	e
Grand	e	Sursis	e
Garant	e	Epars	e

Retranchez l'*e* muet, vous aurez au masculin :

Assis, poli, séduit, grand, garant, offert, prompt, rond, sursis, épars, etc.

EXCEPTIONS.

masc.	*fém.*
Absous	Absoute.
Dissous	Dissoute.
Résous	Résoute (*chose convertie en une autre*).
Exclus	Exclue.
Favori	Favorite.

L'adjectif *béni* a pour lettre finale un *t*, quand il a rapport au culte ; mais il ne prend pas de *t* quand il n'y a point rapport.

Un drapeau *bénit,* du pain *bénit.*
Un enfant *béni* par son père.

Manière sûre de convertir sur-le-champ en latin, les désinences d'un grand nombre de substantifs et d'adjectifs français.

SUBSTANTIFS.

Changez les désinences suivantes :

FRANÇAIS.	LATIN.	FRANÇAIS.	LATIN.
ie .... en	*ia ;*	tragédie,..	*tragœdia.*
té	*tas ;*	piété, ...	*pietas.*
f.	m.		
eur.......	*or ;*	faveur,...	*favor.*
ance	*antia ;*	constance,.	*constantia.*
ence	*entia ;*	prudence,.	*prudentia.*
ment......	*mentum ;*	monument,	*monumentum.*
c........	*cus ;*	grec,....	*grœcus.*
aire	*arius ;*	secrétaire,.	*secretarius.*
oire	*oria ;*	gloire,...	*gloria.*
tude.....	*tudo ;*	solitude,..	*solitudo.*
ont.......	*ons ;*	front, ...	*frons.*
ain.......	*anus,* nom de nation ;	Romain,..	*Romanus.*
ien.......	*ianus,* nom de nation ;	Italien, ..	*Italianus.*
sion	*sio ;*	confusion,.	*confusio.*
ssion.....	*ssio ;*	passion, ..	*passio.*
tion	*tio ;*	ambition, .	*ambitio.*
ction.....	*ctio ;*	affliction , .	*afflictio.*
stion.....	*stio ;*	suggestion ,	*suggestio.*
xion	*xio ;*	réflexion , .	*reflexio.*
acle	*aculum ;*	spectacle , .	*spectaculum.*

ADJECTIFS.

Changez les désinences suivantes :

FRANÇAIS.	LATIN.	FRANÇAIS.	LATIN.
ant....... en	*ans ;*	constant,....	*constans.*
ent	*ens ;*	prudent, ...	*prudens.*

FRANÇAIS.	LATIN.	FRANÇAIS.	LATIN.
al. . . . . . en	*alis* ;	libéral, ...	*liberalis.*
il	*ilis* ;	subtil , ...	*subtilis.*
ile.	*ilis* ;	facile, ...	*facilis.*
able.	*abilis* ;	délectable, . . .	*delectabilis.*
ible	*ibilis* ;	terrible , ...	*terribilis.*
ide	*idus* ;	avide, ...	*avidus.*
ain	*anus* ;	humain , ...	*humanus.*
ien	*ianus* ;	chrétien, ...	*christianus.*
ein	*enus* ;	plein , ...	*plenus.*
in.	*ignus* ;	bénin , ...	*benignus.*
ic	*icus* ;	public, ...	*publicus.*
if	*ivus* ;	actif, ...	*activus.*
aire	*aris* et *arius* ;	{ salutaire, ...	*salutaris.*
		nécessaire, . . .	*necessarius.*
oire	*orius* ;	péremptoire , . .	*peremptorius.*
us	*usus* ;	confus, ...	*confusus.*
eux	*osus* ;	glorieux, ...	*gloriosus.*
olent	*olentus* ;	violent, ...	*violentus.*
ulent	*ulentus* ;	turbulent , . . .	*turbulentus.*
ifique.	*ificus* ;	magnifique , . .	*magnificus.*
ulier.	*ularis* ;	singulier, ...	*singularis.*

N. B. Ce changement des désinences françaises en celles latines, n'est pas tellement général, qu'il ne soit susceptible de quelques exceptions que l'usage fera connaître.

DEGRÉS DE COMPARAISON.

Il y a dans les adjectifs deux degrés de comparaison : le *comparatif* et le *superlatif*.

DU COMPARATIF.

Le comparatif est une manière d'exprimer une chose, comparée à une autre, par une même ou par différentes qualités.

Il y a trois sortes de comparatifs : 1° de supériorité, *plus*; 2° d'infériorité, *moins*; 3° d'éga-
lité, *aussi, si, autant.*

Votre sœur { est *plus* modeste que sa cousine,
{ est *moins* modeste que sa cousine,
{ est *aussi* modeste que sa cousine;
Votre cousine n'est pas *si* modeste que sa sœur.

DU SUPERLATIF.

Le *superlatif* est l'adjectif ou la qualité répré-
sentée dans un degré suprême.

Il y a deux sortes de superlatifs : *absolus, relatifs.*

Absolus : *très, fort, bien.*

Votre ami est *très, fort* ou *bien* obligeant.

Relatifs : *le plus, la plus, les plus,* suivis d'un
adjectif.

Votre mère est la femme *la plus* vertueuse que
je connaisse.

Les comparatifs et les superlatifs irréguliers sont :
*meilleur, le meilleur; moindre, le moindre;
pire, le pire,* superlatif de mauvais; *pis, le pis,*
superlatif de mal.

COMPARATIF LATIN.

Le comparatif de supériorité *plus,* est formé
dans la deuxième déclinaison, du cas génitif *i;* et

dans la troisième, du datif *i*, en ajoutant *or* pour le masculin et le féminin, *us* pour le neutre, *ùs* marqué d'un accent grave pour le comparatif adverbe.

Peritus, habile; génitif, *perit-i;* comparatif,
m. f.　　　　n.　　　　adv.
peritior, peritius, peritiùs.

Prudens, prudent; datif, *prudenti;* comparatif,
m. f.　　　　n.　　　　adv.
prudentior, prudentius, prudentiùs.

Les comparatifs se déclinent sur la troisième.

SUPERLATIF LATIN.

Les superlatifs absolus et relatifs *très*, *fort*, *bien*, *le plus*, *la plus*, *les plus*, se forment des mêmes cas terminés par *i*, en y ajoutant *ssimus*, *a*, *um*, *ssimè*, pour le superlatif adverbe.

Peritus, habile; génitif, *periti, peritissimus*, *a*, *um*, *peritissimè.*

Prudens, prudent; datif, *prudenti, prudentissimus*, *a*, *um*, *prudentissimè.*

Dives, divitis, fait au comparatif *ditior, ditius, ditiùs;* et au superlatif, *ditissimus, ditissimè.*

Les adjectifs terminés en *er*, forment leur superlatif en ajoutant *rimus*, *a*, *um*, *rimè*, adverbe, à la désinence du nominatif *er*.

Pauper, pauvre; *pauperrimus*, *a*, *um*, *pauperrimè*, adverbe.

Les adjectifs suivans en *ilis* forment leur superlatif en *illimus, illimè*, adverbe ; *agilis*, agile ; *agillimus, agillimè*, adverbe. *Docilis*, docile ; *docillimus, docillimè*, adverbe. *Gracilis*, mince ; *gracillimus, gracillimè*, adverbe. *Imbecillis*, faible ; *imbecillimus, imbecillimè*, adverbe. *Facilis*, facile ; *facillimus, facillimè*, adverbe. *Similis*, semblable ; *simillimus, simillimè*, adverbe.

Il faut y joindre leurs composés : *difficilis*, difficile ; *dissimilis*, dissemblable ; *verisimilis*, vraisemblable.

Les adjectifs qui ne sont pas compris dans ces exceptions, forment leur superlatif en *issimus, a, um, issimè*.

Utilis, utile ; *utilissimus, utilissimè*.

Les adjectifs terminés en *dicus, ficus, volus*, forment leur comparatif en changeant *us* en *entior, entius, entiùs*, adverbe ; et leur superlatif en *entissimus, entissimè*, adverbe.

Maledicus, médisant ; *maledicentior, maledicentius, maledicentiùs*, adverbe ; *maledicentissimus, maledicentissimè*, adverbe.

Benevolus, bienveillant ; *benevolentior, benevolentius, benevolentiùs*, adverbe ; *benevolentissimus, benevolentissimè*, adverbe.

Beneficus, bienfaisant ; *beneficentior, beneficentius, beneficentiùs*, adverbe ; *beneficentissimus, beneficentissimè*, adverbe.

Les superlatifs se déclinent, pour le masculin et

6

le neutre, sur la seconde déclinaison ; et pour le féminin, sur la première.

Les adjectifs terminés par *eus, ius, uus,* n'ont ni comparatif ni superlatif ; mais on y supplée, en mettant *magis* devant l'adjectif, pour le comparatif, et *maximè, valdè* ou *admodum,* pour le superlatif.

Idoneus, propre à ; *magis idoneus ; maximè, valdè* ou *admodùm idoneus.*

Necessarius, nécessaire ; *magis necessarius ; maximè, valdè* ou *admodùm necessarius.*

Conspicuus, illustre ; *magis conspicuus ; maximè, valdè* ou *admodùm conspicuus.*

Les adjectifs suivans n'ont que le comparatif :

Adolescens, jeune homme ; *adolescentior. Communis,* commun ; *communior. Ingens,* grand ; *ingentior. Infinitus,* infini ; *infinitior. Juvenis,* jeune ; *junior. Satur,* rassasié ; *saturior. Senex,* vieux ; *senior. Sublimis,* sublime ; *sublimior. Taciturnus,* taciturne ; *taciturnior.*

Il y a d'autres adjectifs qui n'ont que le superlatif :

Bellus, joli ; *bellissimus. Consultus,* avisé, prudent ; *consultissimus. Falsus,* faux ; *falsissimus. Fidus,* fidèle ; *fidissimus. Inclitus,* illustre ; *inclitissimus. Invictus,* invincible ; *invictissimus. Invidus,* odieux ; *invidissimus. Invitus,* qui agit malgré soi ; *invitissimus. Meritus,* méritant ; *me-*

ritissimus. Novus, nouveau; *novissimus. Sacer*, sacré; *sacerrimus.*

COMPARATIFS ET SUPERLATIFS IRRÉGULIERS.

Bonus, bon; *melior*, meilleur; *optimus*, très-bon; *optimè*, fort bien; *malus*, mauvais; *pejor*, pire; *pessimus*, très-mauvais; *pessimè*, très-mal; *magnus*, grand; *major*, plus grand; *maximus*, très-grand; *maximè*, extrêmement, beaucoup; *parvus*, petit; *minor*, plus petit; *minimus*, très-petit; *minimè*, très-peu.

NOMS DE NOMBRE.

Les noms de nombre servent à compter.

Il y en a de deux sortes : les noms de nombre *cardinaux*, et les noms de nombre *ordinaux*.

Les noms de nombre *cardinaux* marquent la quantité des personnes ou des choses : *deux*, *treize*, *vingt*, etc.

Les noms de nombre *ordinaux* marquent l'ordre ou le rang : *le premier*, *le deuxième*, *le quinzième*, etc.

Ils se forment des cardinaux, en ajoutant à la consonne finale, *ième : trois*, *troisième ; quarante*, *quarantième.*

On les rend adverbes, en ajoutant *ment* à la désinence *ième ; vingt-ième-ment*, *trent-ième-ment.*

NOMS DE NOMBRES CARDINAUX LATINS.

SINGULIER.

Nominatif.	*Unus, a, um ;* un, une, un.
Génitif	*Unius.*
Datif	*Uni.*
Accusatif	*Unum, am, um.*
Ablatif	*Uno, â, o.*

Ainsi se déclinent :

Ullus, génitif, *ullius ;* aucun. *Nullus*, génitif, *nullius ;* nul. *Alius*, génitif, *alius ;* autre. *Alter*, génitif, *alterius ;* l'autre. *Solus*, génitif, *solius ;* seul. *Totus*, génitif, *totius ;* tout. *Neuter*, génitif, *neutrius ;* ni l'un, ni l'autre. *Uter*, génitif, *utrius ;* lequel des deux ?

Leur pluriel se forme sur celui de la seconde déclinaison, pour le masculin et pour le neutre ; et sur celui de la première, pour le féminin.

PLURIEL.

Nominatif.	*Duo, duæ, duo ;* deux.
Génitif	*Duorum, arum, orum.*
Datif *et* ablatif . .	*Duobus, abus, obus.*
Accusatif	*Duos* ou *duo, as, o.*

Ainsi se décline *ambo, æ, o ;* tous deux.

Nom., acc., voc.	*Tres, tres, tria ;* trois.
Génitif	*Trium.*
Datif *et* ablatif . .	*Tribus.*

Tous les autres noms de nombre jusqu'à *cent,* sont indéclinables. *Mille*, mille, ne se décline point au singulier ; son pluriel est *millia.*

NOMS DE NOMBRE ORDINAUX.

Nomin.	*Primus, a, um ;* le premier, la première, le premier.
Genitif.	*Prim-i, æ, i.*
Nomin.	*Secundus, a, um ;* le second, la seconde, le second.
Génitif.	*Secund-i, æ, i.*
Nomin.	*Tertius, a, um ;* le troisième, la troisième, le troisième.
Génitif.	*Terti-i, æ, i.*

III. DU PRONOM.

Le *pronom* tient la place du nom, en rappelle l'idée, et en évite la répétition qui ferait languir le discours.

Il y a sept sortes dé pronoms :

Personnels, conjonctifs, possessifs, démonstratifs, relatifs, interrogatifs, indéfinis ou *indéterminés.*

1°. PRONOMS PERSONNELS.

Les pronoms personnels tiennent la place des personnes ou des choses.

SINGULIER.

Pour la première personne, celle qui parle, *je* ou *moi* ;
Pour la seconde personne, celle à qui l'on parle, *tu* ou *toi* ;
Pour la troisième personne, celle de qui l'on parle, *il* pour le masculin, *elle* pour le féminin.

PLURIEL.

Pour la première personne, *nous* ; des deux genres ;
Pour la seconde personne, *vous* ; des deux genres ;
Pour la troisième personne, *ils* pour le masculiu, *elles* pour le féminiu.

N. B. En francais, par politesse, on se sert de *vous*, quand on adresse la parole à une personne à qui l'on doit du respect ; mais en latin on tutoie :

Monsieur, vous verrez demain ma tante, et vous lui direz.
Cras videbis meam amitam, et dices illi.
Mot à mot : tu verras ma tante, et tu lui diras.

PRONOMS PERSONNELS LATINS.

SINGULIER.   PLURIEL.

De la première personne.

Nominatif. *Ego*, je *ou* moi. | Nomin. *Nos*, nous.
Génitif . . *Mei* . . . . | Génitif. *Nostrûm* ou *nostri*(1).

---

(1) On emploie *nostrûm, vestrûm* avec les superlatifs, ou avec *de*, quand il peut se tourner par *d'entre* ; partout ailleurs, c'est *nostri, vestri*.

Le plus sage de nous ou de vous : *sapientissimus nostrûm vel vestrûm.*

Un de nous ou de vous : *unus nostrûm vel vestrûm.*

Ayez pitié de nous ou de vous : *miserere nostri vel vestri.*

SINGULIER.	PLURIEL.
Datif. . . . *Mihi.*	Datif. . . *Nobis.*
Accusatif. . *Me*	Accusatif. *Nos.*
Ablatif . . . *Me*	Ablatif . . *Nobis.*

De la seconde personne.

Nominatif. . *Tu,* tu *ou* toi . .	Nominat.. *Vos,* vous.
Génitif . . . *Tuí*	Génitif . . *Vestrûm* ou *vestrí.*
Datif. . . . *Tibi.*	Datif. . . *Vobis.*
Accusatif. . *Te*	Accusatif. *Vos.*
Ablatif . . . *Te.*	Ablatif . . *Vobis.*

Le pronom personnel de la troisième personne du singulier, n'a ni nominatif, ni vocatif; il est de tout genre, et le même au pluriel qu'au singulier.

SINGULIER ET PLURIEL.

Génitif. . *Suí,* de soi, de lui-même, d'elle-même, d'eux-mêmes, d'elles-mêmes.

Datif. . . *Sibi,* à soi, à lui-même, à elle-même, à eux-mêmes, à elles-mêmes.

Accusatif. *Se,* se, soi, lui-même, elle-même, eux-mêmes, elles-mêmes.

Ablatif. . *Se,* de soi, de lui-même, d'elle-même, d'eux-mêmes, d'elles-mêmes.

Manière dont se placent en français et en latin, les pronoms personnels.

En français, la personne à qui l'on parle (*toi ou vous*), se place la première;

Celle de qui l'on parle (*lui* ou *elle*), se place la seconde ;

Celle qui parle (*moi* ou *nous*), se place la troisième.

En latin, ces pronoms se placent dans un sens inverse :

La personne qui parle (*ego*, je *ou* moi; *nos*, nous), se place la première ;

Celle à qui l'on parle (*tu*, tu *ou* toi; *vos*, vous), se place la deuxième ;

Celle de qui l'on parle (*ille*, lui; *illa*, elle; *illi*, eux; *illæ*, elles), se place la troisième.

En latin comme en français, le verbe s'accorde toujours avec la plus noble personne :

Demain, vous, lui et moi irons.
Cras, ego, tu et ille ibimus. Mot à mot : *moi, toi et lui irons.*

2°. PRONOMS CONJONCTIFS.

Les pronoms conjonctifs reçoivent directement ou indirectement l'action du verbe, et ils se mettent au cas qu'il régit. Ils sont souvent régime d'une préposition.

(RÉGIME DIRECT.)		(RÉGIME INDIRECT.)	
Me	me	*Mihi*, .	à moi.
Te (1).	te, vous. .	*Tibi*, (1)	à toi, à vous.
Se.	se.	*Sibi*, .	à soi, à lui, à elle.
Illum, illam, illud ;	le, la, lui.	*Illi*, . .	à lui, à elle.
Nos	nous . . .	*Nobis*,	nous, à nous.
Vos	vous . . .	*Vobis*,	vous, à vous.
I los, illas, illa. .	les, eux. .	*Illis*, .	leur à eux, à elles.

3°. PRONOMS POSSESSIFS.

Les pronoms possessifs marquent la possession d'une personne ou d'une chose :

Mon, ton, son, notre, votre, leur ; mes, tes, ses, nos, vos, leurs.

Il y a deux sortes de pronoms possessifs : *absolus, relatifs.*

Absolus, sont suivis d'un substantif : *mon* livre, *votre* maison, etc.

Relatifs, ne sont jamais suivis d'un substantif ; mais ils sont précédés des articles, *le, la, les, du, de la, des, au, à la, aux.*

Le mien, la mienne, les miens ; le tien, la tienne, les tiens ; le sien, la sienne, les siens ;

---

(1) *Te, tibi*, vous, à vous, quand on n'adresse la parole qu'à une seule personne :

Il vous aime, *te amat*. Il vous donnera, *dabit tibi.*

le nôtre, la nôtre, les nôtres; le vôtre, la vôtre; les vôtres; le leur, la leur, les leurs.

PRONOMS POSSESSIFS ABSOLUS ET RELATIFS LATINS.

Meus, mon, le mien; *mea*, ma, la mienne; *meum*, mon, le mien.
Tuus, a, um; . . ton, le tien, etc.
Suus, a, um; . . son, le sien, etc.
Noster, ra, rum; notre, le nôtre, etc.
Vester, ra, rum; votre, le vôtre, etc.
Suus, a, um; . . leur, le leur, etc.

Ces pronoms se déclinent comme les adjectifs de la première et de la deuxième déclinaison.

4°. PRONOMS DÉMONSTRATIFS.

Les pronoms démonstratifs démontrent les personnes ou les choses, ou les rappellent au souvenir :

Ce, cet, ceci, cela, celui, celui-ci, celle-ci, ceux, ceux ci, celles, celles-ci, ceux-là, celles-là.

PRONOMS DÉMONSTRATIFS LATINS.

Pour les personnes et pour les choses présentes.

SINGULIER.

	m.	f.	n.
Nominatif.	*Hic*, ce, cet, celui-ci;	*hæc*, celle, celle-ci;	*hoc*, ce, ceci, cette, cette chose-ci.

Génitif. . . . *Hujus* ⎫
Datif. . . . . *Huic* ⎬ pour les trois genres.

	masculin.	féminin.	neutre.
Accusatif . .	*Hunc*, . . .	*hanc*, ...	*hoc*.
Ablatif . . .	*Hoc*, ...	*hác*, ...	*hoc*.

PLURIEL.

	masculin	féminin	neutre
Nominatif . .	*Hi*, ...	*hæ*, ...	*hæc*.
Génitif . . .	*Horum*, . .	*harum*, . . .	*horum*.
Datif, ablatif.	*His*, pour les trois genres.		
Accusatif . .	*Hos*, ...	*has*, ...	*hæc*.

Pour les personnes absentes, pour les choses passées, ou pour la louange.

SINGULIER.

	m.	f.
Nominatif . .	*Ille*, ce, cet, celui, celui-là;	*illa*, cette, celle,

n.
celle-là; *illud*, cela, cette chose-là.

Génitif . . . *Illius* ⎫
Datif . . . . *Illi* ⎬ pour les trois genres.

	masculin.	féminin.	neutre.
Accusatif . .	*Illum*, . . .	*illam*, . . .	*illud*.
Ablatif . . .	*Illo*, ...	*illá*, ...	*illo*.

PLURIEL.

	masculin	féminin	neutre
Nominatif . .	*Illi*, ...	*illæ*, ...	*illa*.
Génitif . . .	*Illorum*, . .	*illarum*, . .	*illorum*.
Datif, ablatif.	*Illis*, pour les trois genres.		
Accusatif . .	*Illos*, ...	*illas*, ...	*illa*.

Déclinez de même : *iste, ista, istud* ; ce, cet, celui, etc. On l'emploie souvent en mauvaise part.

| m. | f. | n. |

Nominatif, *ipse*, lui-même ; *ipsa*, elle-même ; *ipsum*, lui-même.

Il se décline comme *ille*, excepté qu'au neutre il fait *ipsum*.

SINGULIER.

Nominatif. .   *Is*, ce, cet, il ; *ea*, celle-là, cette chose-là ; *id*, cela.

Génitif . . . *Ejus*,
Datif . . . . *Ei*,   } pour les trois genres.

           masculin.   féminin.   neutre.

Accusatif . . *Eum*, . . . *eam*, ... *id*.
Ablatif . . . *Eo*, ... *eá*, ... *eo*.

PLURIEL.

Nominatif. . *ii*, ... *eœ*, ... *ea*.
Génitif . . . *eorum*, . . . *earum*, . . . *eorum*.
Datif, ablatif. *eis* ou *iis*, de tout genre.
Accusatif . . *eos*, ... *eas*, ... *ea*.

| m. | f. | n. |

Nominatif, *idem*, le même ; *eadem*, la même ; *idem*, le même.

Il se décline comme *is, ea, id*, en ajoutant *dem*.

5°. PRONOMS RELATIFS.

Les pronoms relatifs sont ainsi appelés, parce qu'ils ont toujours rapport à un nom ou à un pronom qui les précède, et avec lequel ils s'accordent en genre et en nombre.

Qui, que, lequel, laquelle, lesquels, lesquelles, dont, de qui, quoi, en.

Il y a quatre sortes de *que :* le *que* relatif, le *que* conjonctif, le *que* interrogatif, et le *que* admiratif ou exclamatif.

Le *que* relatif se reconnaît, quand on peut le tourner par *lequel, laquelle, lesquels, lesquelles.*

La maison que *vous avez achetée; ceux* ou *celles* que *vous verrez demain.*

Le *que* conjonctif lie les membres de phrases, et ne peut point se tourner par *lequel, laquelle, lesquels, lesquelles.*

Je désire que *vous réussissiez, et* que *vous obteniez une place.*

Le *que* interrogatif exprime une interrogation.

Que *pensez-vous?* que *dites-vous?*

Le *que* admiratif ou exclamatif, exprime l'exclamation.

Que *ce palais est magnifique !*

PRONOMS RELATIFS LATINS.

SINGULIER.

m.   f.

Nominatif, *qui*, qui, lequel, celui qui ; *quæ*, qui, laquelle,

n.

celle qui; *quod*, qui, lequel.

Génitif . . . . *Cujus,* } dont, de qui, duquel, de celui qui, de la-
Datif . . . . . *Cui,* } quelle, de celle qui. *Pour les trois genres.*

	masculin.	féminin.	neutre.
Accusatif . .	*Quem,* . . .	*quam,* . . .	*quod.*
Ablatif . . .	*Quo,*	*quá,*	*quo.*

PLURIEL.

Nominatif . . *Qui,* . . . . *quæ,* . . . . *quæ.*
Génitif . . . *Quorum,* . . *quarum,* . . *quorum.*
Datif, ablatif. *Quibus* ou *queis* (1), pour les trois genres.
Accusatif . . *Quos,* . . . *quas,* . . . . *quæ.*

6°. PRONOMS INTERROGATIFS.

Nominatif, *quis?* qui? quel? qui est-ce? lequel? *quæ?* quelle?
laquelle? *quid?* et *quod?* quel? quoi? qu'est-ce qui?

Les autres cas sont les mêmes que ceux de *qui,* *quæ,* *quod.* A l'accusatif singulier neutre, il fait *quid* et *quod.*

7°. PRONOMS INDÉFINIS OU INDÉTERMINÉS.

Les pronoms indéfinis ou indéterminés sont ceux qui expriment un objet d'une manière générale et indéterminée :

On, quelqu'un, chacun, quiconque, personne, rien, l'un, l'autre, quelque..... que,

---

(1) *Queis* n'est guère usité qu'en poésie.

*même, nul, aucun, pas un, qui que ce soit,
tout, autrui* etc.

PRONOMS INDÉFINIS OU INDÉTERMINÉS LATINS.

Les composés de *qui* et de *quis*, suivis de mots
d'une seule ou de plusieurs syllabes, se déclinent
comme leur simple.

Quisnam, quel ; *quisquam*, quelqu'un ; *quisque*, chacun ; *quidam*, un, un certain, etc.

Aliquis, quelqu'un ; *ecquis*, quel ; ont le nominatif singulier féminin, le nominatif et l'accusatif
pluriel neutre en *a*.

	m.	f.	n.
Nom. sing.	*Aliquis, aliqua, aliquid* et *aliquod*.		
Nom. acc.	Pluriel neutre, *aliqua*.		
Nom. sing.	*Ecquis, ecqua, ecquid* et *ecquod*.		
Nom. acc.	Pluriel neutre, *ecqua*.		

IV. DU VERBE.

Le *verbe* exprime l'action faite ou soufferte par
le sujet, ou l'état du sujet.

On connaît qu'un mot est verbe, quand on peut
y joindre un des pronoms personnels : *je, tu, il, elle,
nous, vous, ils, elles*, etc.

Le sujet ou le nominatif du verbe, est la personne ou la chose qu'exprime le verbe, et qui répond à la question (*qui est-ce qui ?*)

Le régime du verbe est la personne ou la chose qui reçoit l'action du verbe, et qui répond aux questions *qu'est-ce que ? quoi?*

J'admire vos talents. Je est le sujet ou le nominatif du verbe; car, qui est-ce qui admire? *moi,* représenté par *je.* Qu'est-ce que j'admire? *vos talents; vos talents* sont le régime du verbe *admirer.*

Il y a deux sortes de régimes : le *régime direct* et le *régime indirect.*

Le *régime direct* est toujours sans préposition, et répond aux questions *qu'est-ce que? quoi?*

Le *régime indirect* est toujours précédé d'une des prépositions *de, à, par,* exprimée ou sous-entendue.

L'oncle de mon ami a donné à son neveu une montre d'or.

Qui est-ce qui a donné? l'oncle, sujet ou nominatif du verbe.

De qui? de mon ami, régime indirect, répondant au génitif latin.

A qui a-t-il donné? à son neveu, régime indirect, répondant au datif latin.

Quoi? une montre, régime direct, répondant à l'accusatif latin.

De quoi? d'or, régime indirect (ablatif), régi par la préposition *ex.*

DE LA CONJUGAISON DES VERBES.

Il y a quatre conjugaisons des verbes, que l'on distingue par la terminaison ou par la désinence de l'infinitif.

La première conjugaison a l'infinitif terminé par *er; cherch-er.*

La seconde en *ir; pol-ir.*

La troisième en *oir; pouv-oir.*

La quatrième en *re; prend-re.*

DES PERSONNES.

Les verbes ont trois personnes au singulier, marquées par *je*, *tu*, *il* ou *elle;* et trois personnes au pluriel, marquées par *nous*, *vous*, *ils* ou *elles.*

DES NOMBRES.

Il y a dans les verbes comme dans les noms, deux nombres : le singulier et le pluriel.

Le singulier, quand on parle d'une seule personne : *ma sœur croit.*

Le pluriel, quand on parle de plusieurs personnes : *ces dames voulaient.*

DES DIFFÉRENTES ESPÈCES DE VERBES.

Il y a deux verbes appelés auxiliaires : *avoir* et *être*. Ces verbes sont ainsi appelés, parce que les autres verbes en ont besoin pour être conjugués dans leurs temps composés, tant à l'actif qu'au passif.

Le verbe *avoir*, suivi d'un substantif, est un verbe actif : *j'ai de l'argent.*

Le verbe *étre*, suivi d'un substantif ou d'un adjectif, est verbe substantif, c'est-à-dire, marque l'existence de la personne ou de la chose : *vous étes son ami, je suis curieux.*

Les autres verbes sont de cinq espèces : *actifs, passifs, neutres, réfléchis* ou *réciproques, impersonnels.*

1°. *Actifs* : expriment une action faite par le sujet, ou par le nominatif du verbe ; on les reconnaît, quand après, on peut mettre *quelqu'un* ou *quelque chose;* ainsi, *instruire, donner,* sont des verbes actifs, parce qu'on peut dire, *instruire quelqu'un, donner quelque chose.*

2°. *Passifs* : expriment une action reçue ou soufferte par le sujet.

Ils sont toujours précédés ou suivis d'un de ces mots, *de* ou *par.*

Je suis chéri de ma mère ; les Gaules furent conquises par César.

3°. *Neutres* : expriment une action qui ne sort pas hors du sujet qui agit; on les reconnaît, quand après, on ne peut mettre *quelqu'un* ou *quelque chose;* ainsi, *marcher, briller,* sont des verbes neutres, parce qu'on ne peut pas dire, *marcher quelqu'un, briller quelque chose.*

4°. *Réfléchis :* expriment une action faite par le sujet sur lui-même : *votre tante s'imagine.*

Les mêmes verbes deviennent *réciproques ,* quand ils expriment l'action de plusieurs sujets qui agissent les uns sur les autres : *votre sœur et votre cousine se disputent toujours.*

5°. *Impersonnels :* on les appelle ainsi, parce que l'action qu'ils expriment, ne peut se rapporter à aucune personne ; ainsi quand on dit : *il pleut, il importe,* ou voit que l'idée de ces deux verbes ne peut se rapporter ni à la personne qui parle, ni à celle à qui l'on parle, ni enfin, à celle de qui l'on parle. Ces verbes ne s'emploient qu'avec les pronoms *il* ou *on.*

DES TEMPS DES VERBES.

Les verbes se divisent en temps simples et en temps composés. On appelle temps simples, ceux qui n'ont pas besoin du secours d'un autre verbe pour être conjugués : *je donne, je viens.*

On appelle temps composés, ceux qui sont précédés d'un des auxiliaires *avoir* ou *être,* suivi d'un participe passé.

Il y a huit temps simples : le *présent de l'indicatif,* l'*imparfait,* le *prétérit défini,* le *futur,* le *conditionnel présent,* l'*impératif,* le *présent* et l'*imparfait du subjonctif.*

Il y a sept temps composés : le *prétérit indéfini*, le *prétérit antérieur*, le *plus-que-parfait*, le *futur passé*, le *conditionnel passé*, le *prétérit*, et le *plus-que-parfait du subjonctif.*

Manière de conjuguer affirmativement et interrogativement les temps simples des auxiliaires AVOIR *et* ÊTRE.

AVOIR.   ÊTRE.

INDICATIF PRÉSENT.

Exprime une chose qui a lieu actuellement :

J'ai.	Ai-je ?	Je suis.	Suis-je ?
Tu as.	As-tu ?	Tu es.	Es-tu ?
Il a.	A-t-il ?	Il est.	Est-il ?
Elle a.	A-t-elle ?	Elle est.	Est-elle ?
On a.	A-t-on ?	On est.	Est-on ?
Nous avons.	Avons-nous ?	Nous sommes.	Sommes-nous ?
Vous avez.	Avez-vous ?	Vous êtes.	Êtes-vous ?
Ils ont.	Ont-ils ?	Ils sont.	Sont-ils ?
Elles ont.	Ont-elles ?	Elles sont.	Sont-elles ?

IMPARFAIT.

Marque l'action comme présente, dans le temps qu'une autre action a eu lieu :

J'avais.	Avais-je ?	J'étais.	Étais-je ?
Tu avais.	Avais-tu ?	Tu étais.	Étais-tu ?
Il avait.	Avait-il ?	Il était.	Était-il ?
Elle avait.	Avait-elle ?	Elle était.	Était-elle ?
On avait.	Avait-on ?	On était.	Était-on ?
Nous avions.	Avions-nous ?	Nous étions.	Étions-nous ?
Vous aviez.	Aviez-vous ?	Vous étiez.	Étiez-vous ?
Ils avaient.	Avaient-ils ?	Ils étaient.	Étaient-ils ?
Elles avaient.	Avaient-elles ?	Elles étaient.	Étaient-elles ?

PRÉTÉRIT DÉFINI.

*Indique une chose faite dans un temps entièrement écoulé,
dont on assigne l'époque :*

La semaine passée,

J'eus.	Eus-je?	Je fus.	Fus-je?
Tu eus.	Eus-tu?	Tu fus.	Fus-tu?
Il eut.	Eut-il ?	Il fut.	Fut-il?
Elle eut.	Eut-elle ?	Elle fut.	Fut-elle?
On eut.	Eut-on?	On fut.	Fut-on ?
Nous eûmes.	Eûmes-nous?	Nous fûmes.	Fûmes-nous?
Vous eûtes.	Eûtes-vous?	Vous fûtes.	Fûtes-vous ?
Ils eurent.	Eurent-ils?	Ils furent.	Furent-ils ?
Elles eurent.	Eurent-elles?	Elles furent.	Furent-elles ?

FUTUR.

Indique qu'une chose sera ou se fera :

La semaine prochaine,

J'aurai.	Aurai-je ?	Je serai.	Serai-je ?
Tu auras.	Auras-tu?	Tu seras.	Seras-tu?
Il aura.	Aura-t-il?	Il sera.	Sera-t-il ?
Elle aura.	Aura-t-elle?	Elle sera.	Sera-t-elle?
On aura.	Aura-t-on ?	On sera.	Sera-t-on?
Nous aurons.	Aurons-nous ?	Nous serons.	Serons-nous ?
Vous aurez.	Aurez-vous ?	Vous serez.	Serez-vous ?
Ils auront.	Auront-ils ?	Il seront.	Seront-ils?
Elles auront.	Auront-elles?	Elles seront.	Seront-elles ?

CONDITIONNEL PRÉSENT.

*Marque qu'une chose serait ou se ferait, moyennant une
condition :*

Si je pouvais,

J'aurais.	Aurais-je?	Je serais.	Serais-je ?
Tu aurais.	Aurais-tu ?	Tu serais.	Serais-tu?
Il aurait.	Aurait-il?	Il serait.	Serait-il ?
Elle aurait.	Aurait-elle?	Elle serait.	Serait-elle?
On aurait.	Aurait-on?	On serait.	Serait-on?
Nous aurions.	Aurions-nous?	Nous serions.	Serions-nous?
Vous auriez.	Auriez-vous ?	Vous seriez.	Seriez-vous ?
Ils auraient.	Auraient-ils ?	Ils seraient.	Seraient-ils ?
Elles auraient.	Auraient-elles ?	Elles seraient.	Seraient-elles?

IMPÉRATIF (1).

Marque l'action de commander, de prier ou d'exhorter :

Aie.	Sois.
Qu'il, qu'elle, *ou* qu'on ait.	Qu'il, qu'elle, *ou* qu'on soit.
Ayons.	Soyons.
Ayez.	Soyez.
Qu'ils *ou* qu'elles aient.	Qu'ils *ou* qu'elles soient.

SUBJONCTIF PRÉSENT.

Quand on désire, quand on doute, ou quand on veut qu'une chose se fasse :

Il faut *ou* il faudra ,

Que j'aie.	Que je sois.
Que tu aies.	Que tu sois.
Qu'il, qu'elle, *ou* qu'on ait.	Qu'il, qu'elle, *ou* qu'on soit.
Que nous ayons.	Que nous soyons.
Que vous ayez.	Que vous soyez.
Qu'ils *ou* qu'elles aient.	Qu'ils *ou* qu'elles soient.

IMPARFAIT DU SUBJONCTIF.

Il fallait *ou* il faudrait ,

Que j'eusse.	Que je fusse.
Que tu eusses.	Que tu fusses.
Qu'il, qu'elle, *ou* qu'on eût.	Qu'il, qu'elle, *ou* qu'on fût.
Que nous eussions.	Que nous fussions.
Que vous eussiez.	Que vous fussiez.
Qu'ils *ou* qu'elles eussent.	Qu'ils *ou* qu'elles fussent.

Afin de graver profondément dans la mémoire

---

(1) L'impératif n'a pas de première personne du singulier, parce qu'on ne se commande pas à soi-même.

des élèves la conjugaison des temps simples des verbes *avoir* et *être*, on leur donnera à conjuguer affirmativement ou interrogativement, les deux auxiliaires suivans :

INDICATIF PRÉSENT.

J'ai des bijoux, *ou* ai-je des bijoux ? | Je suis riche, *ou* suis-je riche?

N. B. L'interrogation dans les verbes réguliers et irréguliers, ne se fait qu'au *présent de l'indicatif*, à l'*imparfait*, au *prétérit défini*, au *futur*, et au *conditionnel présent*.

TEMPS COMPOSÉS.

Comme les temps composés des verbes sont formés des temps simples des auxiliaires *avoir* ou *être*, en y ajoutant seulement un participe passé ; j'indiquerai seulement la première personne de chaque temps simple des auxiliaires *avoir* ou *être*.

PRÉTÉRIT INDÉFINI.

Indique une chose faite dans un temps qui dure encore ou dont on n'assigne point l'époque :

Ce matin, cette semaine,

J'ai eu, *ou* ai-je eu? etc. | J'ai été, *ou* ai-je été? etc,

PRÉTÉRIT ANTÉRIEUR.

Marque une chose faite avant une autre, qui se fit dans un temps dont il ne reste plus rien :

Quand j'eus eu, *ou quand eus-je eu ?* etc.	Quand j'eus été, *ou quand eus-je été ?* etc.

PLUS-QUE-PARFAIT.

Marque qu'une chose était déjà faite, quand une autre s'est faite :

J'avais eu, *ou avais-je eu ?* etc.	J'avais été, *ou avais-je été ?* etc.

FUTUR PASSÉ.

Marque qu'une chose sera faite avant une autre :

J'aurai eu, *ou aurai-je eu ?* etc.	J'aurai été, *ou aurai-je été ?* etc.

CONDITIONNEL PASSÉ.

Indique qu'une chose aurait été faite, si certaine condition avait eu lieu :

Si vous aviez voulu,

J'aurais eu, *ou aurais-je eu ?* etc.	J'aurais été, *ou aurais-je été ?* etc.
J'eusse eu, *ou eussé-je eu ?* etc.	J'eusse été, *ou eussé-je été ?* etc.

PRÉTÉRIT DU SUBJONCTIF.

On a, *ou* on aura voulu,

Que j'aie eu, etc.	Que j'aie été, etc.

PLUS-QUE-PARFAIT DU SUBJONCTIF.

On avait, on aurait, *ou* on eût désiré,
Que j'eusse eu, etc. | Que j'eusse été, etc.

INFINITIF.

*Exprime l'action ou l'état d'une chose en général, sans aucun
rapport exprimé de nombre ni de personne :*

Avoir. | Être.

PARTICIPE PRÉSENT.

*Exprime une action présente, suppose un régime direct ou in-
direct, exprimé ou sous-entendu (qui? ou quoi? de qui? ou
de quoi?)*

Ayant. | Étant.

PARTICIPE PASSÉ.

*Est toujours précédé d'un des auxiliaires avoir ou être, exprimé
ou sous-entendu :*

Eu, ayant eu. | Été, ayant été.

FUTUR PASSÉ.

Devant avoir. | Devant être.

TABLEAU SYNOPTIQUE

De la conjugaison des temps simples des verbes actifs et neutres.

1ʳᵉ. ER.	2ᵉ. IR.	3ᵉ. OIR.	4ᵉ. RE.

INDICATIF PRÉSENT.

Je parle.	Je polis.	Je reçois.	Je rends.
Tu parles.	Tu polis.	Tu reçois.	Tu rends.
Il parle.	Il polit.	Il reçoit.	Il rend.
Elle parle.	Elle polit.	Elle reçoit.	Elle rend.
Nous parlons.	Nous polissons.	Nous recevons.	Nous rendons.
Vous parlez.	vous polissez.	Vous recevez.	Vous rendez.
Ils parlent.	Ils polissent.	Ils reçoivent.	Ils rendent.
Elles parlent.	Elles polissent.	Elles reçoivent.	Elles rendent.

IMPARFAIT.

Prononcez Ê.

Je parlais.	Je polissais.	Je recevais.	Je rendais.
Tu parlais.	Tu polissais.	Tu recevais.	Tu rendais.
Il parlait.	Il polissait.	Il recevait.	Il rendait.
Elle parlait.	Elle polissait.	Elle recevait.	Elle rendait.
Nous parlions.	Nous polissions.	Nous recevions.	Nous rendions.
Vous parliez.	Vous polissiez.	Vous receviez.	Vous rendiez.
Ils parlaient.	Ils polissaient.	Ils recevaient.	Ils rendaient.
Elles parlaient.	Elles polissaient.	Elles recevaient.	Elles rendaient.

PRÉTÉRIT DÉFINI.

Il y a huit jours,

Prononcez É.

Je parlai.	Je polis.	Je reçus.	Je rendis.
Tu parlas.	Tu polis.	Tu reçus.	Tu rendis.
Il parla.	Il polit.	Il reçut.	Il rendit.
Elle parla.	Elle polit.	Elle reçut.	Elle rendit.
Nous parlâmes.	Nous polîmes.	Nous reçûmes.	Nous rendîmes.
Vous parlâtes.	Vous polîtes.	Vous reçûtes.	Vous rendîtes.
Ils parlèrent.	Ils polirent.	Ils reçurent.	Ils rendirent.
Elles parlèrent.	Elles polirent.	Elles reçurent.	Elles rendirent.

FUTUR.

Dans un mois,

Prononcez RÉ.

Je parlerai.	Je polirai.	Je recevrai.	Je rendrai.
Tu parleras.	Tu poliras.	Tu recevras.	Tu rendras.
Il parlera.	Il polira.	Il recevra.	Il rendra.
Elle parlera.	Elle polira.	Elle recevra.	Elle rendra.
Nous parlerons.	Nous polirons.	Nous recevrons.	Nous rendrons.
Vous parlerez.	Vous polirez.	Vous recevrez.	Vous rendrez.
Ils parleront.	Ils poliront.	Ils recevront.	Ils rendront.
Elles parleront.	Elles poliront.	Elles recevront.	Elles rendront.

CONDITIONNEL PRÉSENT.

Si je pouvais,

Prononcez RÈ.

Je parlerais.	Je polirais.	Je recevrais.	Je rendrais.
Tu parlerais.	Tu polirais.	Tu recevrais.	Tu rendrais.
Il parlerait.	Il polirait.	Il recevrait.	Il rendrait.
Elle parlerait.	Elle polirait.	Elle recevrait.	Elle rendrait.
Nous parlerions.	Nous polirions.	Nous recevrions.	Nous rendrions.
Vous parleriez.	Vous poliriez.	Vous recevriez.	Vous rendriez.
Ils parleraient.	Ils poliraient.	Ils recevraient.	Ils rendraient.
Elles parleraient.	Elles poliraient.	Ell. recevraient.	Ell. rendraient.

IMPÉRATIF.

Parle.	Polis.	Reçois.	Rends.
Qu'il parle.	Qu'il polisse.	Qu'il reçoive.	Qu'il rende.
Qu'elle parle.	Qu'elle polisse.	Qu'elle reçoive.	Qu'elle rende.
Parlons.	Polissons.	Recevons.	Rendons.
Parlez.	Polissez.	Recevez.	Rendez.
Qu'ils parlent.	Qu'ils polissent.	Qu'ils reçoivent.	Qu'ils rendent.
Qu'elles parlent.	Qu'el. polissent.	Qu'ell. reçoiv.	Qu'ell. rendent.

SUBJONCTIF PRÉSENT.

On désire, on désirera,

Que je parle.	Que je polisse.	Que je reçoive.	Que je rende.
Que tu parles.	Que tu polisses.	Que tu reçoives.	Que tu rendes.
Qu'il parle.	Qu'il polisse.	Qu'il reçoivent.	Qu'il rende.
Qu'elle parle.	Qu'elle polisse.	Qu'elle reçoive.	Qu'elle rende.
Que n. parlions.	Q. n. polissions.	Q. n. recevions.	Que n. rendions.
Que v. parliez.	Que v. polissiez.	Que v. receviez.	Que v. rendiez.
Qu'ils parlent.	Qu'ils polissent.	Qu'ils reçoivent.	Qu'ils rendent.
Qu'elles parlent.	Qu'el. polissent.	Qu'el. reçoivent.	Qu'ell. rendent.

IMPARFAIT (1).

On désirait, on désira hier, on a désiré, on désirerait,

Que je parlasse.	Que je polisse.	Que je reçusse.	Que je rendisse.
Que tu parlasses.	Que tu polisses.	Que tu reçusses.	Que tu rendisses.
Qu'il parlât.	Qu'il polît.	Qu'il reçût.	Qu'il rendît.
Qu'elle parlât.	Qu'elle polît.	Qu'elle reçût.	Qu'elle rendît.
Q. n. parlassions.	Que n. polissions.	Q. n. reçussions.	Q. n. rendissions.
Que v. parlassiez.	Que v. polissiez.	Que v. reçussiez.	Que v. rendissiez.
Qu'ils parlassent.	Qu'ils polissent.	Qu'ils reçussent.	Qu'ils rendissent.
Qu'el. parlassent.	Qu'ell. polissent.	Qu'ell. reçussent.	Qu'el. rendissent.

INFINITIF PRÉSENT.

Parler.	Polir.	Recevoir.	Rendre.

PRÉTÉRIT.

Avoir parlé.	Avoir poli.	Avoir reçu.	Avoir rendu.

PARTICIPE PRÉSENT.

Parlant.	Polissant.	Recevant.	rendant.

---

(1) Dans les verbes réguliers et irréguliers, l'imparfait du subjonctif se forme de la deuxième personne du singulier du prétérit défini, en ajoutant *se* à la finale *s* :

Prétérit défini

La semaine passée,

Tu allas.	Tu écrivis.	Tu peignis.

IMPARFAIT DU SUBJONCTIF.

Il faudrait,

Que j'allasse.	Que j'écrivisse,	Que je peignisse.

Parlé, parlée. | Poli, polie. | Reçu, reçue. | Rendu, rendue.

FUTUR.

Devant parler. | Devant polir. | Devant recevoir. | Devant rendre.

Remarque essentielle.

Les verbes terminés à l'infinitif en *ger*, par raison d'euphonie, prennent un *e* muet dans les temps où le *g* est immédiatement suivi d'un *a* ou d'un *o.*

Nous mangeons, hier *nous mangeâmes, vous mangeâtes.*

Verbes que l'on donnera à conjuguer aux élèves.

Changer. | Remplir. | Apercevoir. | Entendre.

Conjugaison des temps simples des verbes réfléchis et réciproques.

Ils se conjuguent comme les verbes actifs, et sont toujours précédés d'un des pronoms conjonctifs, *me, te, se, nous, vous, se.*

SE FLATTER.

INDICATIF PRÉSENT.

Je me flatte, tu te flattes, il *ou* elle se flatte; nous nous flattons, vous vous flattez, ils *ou* elles se flattent.

IMPARFAIT.

Je me flattais, tu te flattais, il se flattait, etc.

PRÉTÉRIT DÉFINI.

La semaine passée,
Je me flattai, tu te flattas, il se flatta, etc.

FUTUR.

Demain,
Je me flatterai, tu te flatteras, il se flattera, etc.

CONDITIONNEL PRÉSENT.

Si je pouvais,
Je me flatterais, tu te flatterais, il se flatterait, etc.

IMPÉRATIF.

Flatte-toi, qu'il *ou* qu'elle se flatte, flattons-nous, flattez-vous, qu'ils *ou* qu'elles se flattent.

SUBJONCTIF PRÉSENT.

Il faut ou *il faudra,*
Que je me flatte, que tu te flattes, qu'il se flatte, etc.

IMPARFAIT.

Il fallait ou *il faudrait,*
Que je me flattasse, que tu te flattasses, qu'il se flattât, etc.

INFINITIF PRÉSENT.

Se flatter.

PASSÉ.

S'être flatté *ou* flattée.

PARTICIPE PRÉSENT.

Se flattant.

PARTICIPE PASSÉ.

Flatté *ou* flattée.

FUTUR.

Devant se flatter.

Ainsi se conjugue le verbe *se persuader.*

Conjugaison des temps simples des verbes passifs.

Les temps simples des verbes passifs se conjuguent avec l'auxiliaire *être*, suivi d'un participe passé, toujours variable.

INDICATIF PRÉSENT.

Je suis trompé *ou* trompée, nous sommes trompés *ou* trompées, etc.

IMPARFAIT.

J'étais trompé *ou* trompée, nous étions trompés *ou* trompées, etc.

PRÉTÉRIT DÉFINI.

Il y a quinze jours,

Je fus trompé *ou* trompée, nous fûmes trompés *ou* trompées, etc.

FUTUR.

Dans trois semaines,

Je serai trompé *ou* trompée, nous serons trompés *ou* trompées, etc.

CONDITIONNEL PRÉSENT.

Je serais trompé *ou* trompée, nous serions trompés *ou* trompées, etc.

IMPÉRATIF.

Sois trompé *ou* trompée, soyons trompés *ou* trompées, etc.

SUBJONCTIF PRÉSENT.

Il faut ou *il faudra,*

Que je sois trompé *ou* trompée, que nous soyons trompés *ou*
trompées, etc.

IMPARFAIT.

Il fallait, il fallut, il a fallu, il faudrait,

Que je fusse trompé *ou* trompée, que nous fussions trompés
ou trompées, etc.

INFINITIF PRÉSENT.

Être trompé *ou* trompée.

PRÉTÉRIT.

Avoir été trompé *ou* trompée.

PARTICIPE PRÉSENT.

Étant trompé *ou* trompée.

PARTICIPE PASSÉ.

Ayant été trompé *ou* trompée.

FUTUR.

Devant être trompé *ou* trompée.

Ainsi se conjugue le verbe *être chéri* ou *chérie*.

Temps composés des verbes actifs, et de la plupart des verbes neutres.

Ils sont formés des temps du verbe *avoir*.

PRÉTÉRIT INDÉFINI.

J'ai parlé, fini, reçu, rendu, etc.

PRÉTÉRIT ANTÉRIEUR.

Quand,

J'eus parlé, fini, reçu, rendu, etc.

PLUS-QUE-PARFAIT.

J'avais parlé, fini, reçu, rendu, etc.

FUTUR PASSÉ.

J'aurai parlé, fini, reçu, rendu, etc.

CONDITIONNEL PASSÉ.

J'aurais *ou* j'eusse parlé, fini, reçu, rendu, etc.

PRÉTÉRIT DU SUBJONCTIF.

On a ou on aura désiré,
Que j'aie parlé, fini, reçu, rendu, etc.

PLUS-QUE-PARFAIT.

Il avait, il aurait, ou *il eût fallu,*
Que j'eusse parlé, fini, reçu, rendu, etc.

Temps composés des verbes passifs.

Ils sont formés des temps de l'auxiliaire *avoir,*
suivi de *été* et d'un participe passé toujours variable.

PRÉTÉRIT INDÉFINI.

J'ai été rencontré *ou* rencontrée, reçu *ou* reçue, etc.
Nous avons été rencontrés *ou* rencontrées, reçus *ou* reçues, etc.

PRÉTÉRIT ANTÉRIEUR.

Quand,

J'eus été rencontré *ou* rencontrée, reçu *ou* reçue, etc.
Nous eûmes été rencontrés *ou* rencontrées, reçus *ou* reçues, etc.

PLUS-QUE-PARFAIT.

J'avais été rencontré *ou* rencontrée, reçu *ou* reçue, etc.
Nous avions été rencontrés *ou* rencontrées, reçus *ou* reçues, etc.

FUTUR PASSÉ.

J'aurai été rencontré *ou* rencontrée, reçu *ou* reçue, etc.
Nous aurons été rencontrés *ou* rencontrées, reçus *ou* reçues, etc.

CONDITIONNEL PASSÉ.

J'aurais *ou* j'eusse été rencontré *ou* rencontrée, reçu *ou* reçue, etc.

Nous aurions *ou* nous eussions été rencontrés *ou* rencontrées, reçus *ou* reçues, etc.

PRÉTÉRIT DU SUBJONCTIF.

Il a ou *il aura fallu,*

Que j'aie été rencontré *ou* rencontrée, reçu *ou* reçue, etc.

Que nous ayons été rencontrés *ou* rencontrées, reçus *ou* reçues, etc.

PLUS-QUE-PARFAIT.

Il avait, il aurait, ou *il eût fallu,*

Que j'eusse été rencontré *ou* rencontrée, reçu ou reçue, etc.

Que nous eussions été rencontrés *ou* rencontrées, reçus *ou* reçues, etc.

Temps composés des verbes réfléchis et réciproques.

Ils sont formés de l'auxiliaire *être*, précédé d'un des pronoms conjonctifs, *me, te, se, nous, vous, se.*

PRÉTÉRIT INDÉFINI.

Je me suis imaginé, tu t'es imaginé, etc.

PRÉTÉRIT ANTÉRIEUR.

Quand,

Je me fus imaginé, tu te fus imaginé, etc.

PLUS-QUE-PARFAIT.

Je m'étais imaginé, tu t'étais imaginé, etc.

FUTUR PASSÉ.

Je me serai imaginé, tu te seras imaginé, etc.

CONDITIONNEL PASSÉ.

Je me serais imaginé, tu te serais imaginé, etc.

PRÉTÉRIT DU SUBJONCTIF.

Il a, ou *il aura fallu*,

Que je me sois imaginé, que tu te sois imaginé, etc.

PLUS-QUE-PARFAIT.

Il avait, il aurait, ou *il eût fallu*,

Que je me fusse imaginé, que tu te fusses imaginé, etc.

Conjugaison d'un verbe impersonnel.

INDICATIF PRÉSENT.

Il neige.

IMPARFAIT.

Il neigeait.

PRÉTÉRIT DÉFINI.

Hier.

Il neigea.

FUTUR.

Demain,

Il neigera.

CONDITIONNEL PRÉSENT.

Il neigerait.

SUBJONCTIF PRÉSENT.

Il faut ou *il faudra ,*

Qu'il neige.

IMPARFAIT.

Il fallait , il fallut , il a fallu , il faudrait ,

Qu'il neigeât.

Temps composés.

PRÉTÉRIT INDÉFINI.

Ce matin ,

Il a neigé.

PRÉTÉRIT ANTÉRIEUR.

Quand ,

Il eut neigé.

PLUS-QUE-PARFAIT.

Il avait neigé.

FUTUR PASSÉ

Il aura neigé.

CONDITIONNEL PASSÉ.

Il aurait neigé.

PRÉTÉRIT DU SUBJONCTIF.

Il a, ou *il aura fallu*,

Qu'il ait neigé.

PLUS-QUE-PARFAIT.

Il avait, il aurait, ou *il eût fallu*,

Qu'il eût neigé.

Manière d'analyser les verbes.

On dira :

1°. Si c'est un verbe, à quel signe on le reconnaît ;
2°. A quelle personne, à quel nombre et à quel temps il est ;
3°. Quelle est sa désinence ou sa terminaison ;
4°. De quelle conjugaison il est ;
5°. Quelle espèce de verbe c'est ;
6°. Quel est son régime direct ou indirect ;
7°. A quel cas ce régime est en français et en latin ;

Phrase proposée pour être analysée.

« Je voudrais que votre ami se rappelât la pro-
» messe qu'il m'a faite, de venir passer quelques
» jours à ma campagne ; il y serait parfaitement

» accueilli de toutes ces dames, qui désirent vi-
» vement le voir ».

*Remarques importantes sur l'orthographe des
verbes.*

1°. Les verbes terminés à l'infinitif par *oyer* et
par *uyer,* changent *y* en *i* simple devant un *e*
muet.

Employer; *j'emploie, tu emploies, il emploie,
ils* ou *elles emploient, j'emploierai, j'emploie-
rais.*

Essuyer; *j'essuie, tu essuies, il essuie, ils* ou
elles essuient, j'essuierai, j'essuierais.

2°. Les verbes terminés à l'infinitif par *ayer,*
conservent *y* devant un *e* muet, excepté au futur
et au conditionnel présent, ou *yer* se change en
ierai au futur; et en *ierais* au conditionnel présent :

Payer; *je paye, tu payes, il paye, ils* ou *elles
payent.*

Futur, *je paierai;* conditionnel présent, *je
paierais.*

N. B. Les verbes suivans, *rayer, enrayer,
grasseyer,* par raison d'euphonie, conservent *y*
devant tous les temps et dans toutes les personnes.

Je raye; futur *je rayerai;* conditionnel présent
je rayerais, etc.

Je grasseye; futur *je grasseyerai,* conditionnel
présent, *je grasseyerais,* etc.

J'enraye; futur *j'enrayerai*; conditionnel présent *j'enrayerais*, etc.

3°. Les verbes terminés à l'infinitif en *eler* ou en *eter*, doublent ordinairement les consonnes *l* ou *t*, quand elles sont suivies d'un *e* muet :

J'appelle, tu appelles, il appelle; nous appelons, vous appelez, ils appellent.

Je projette, tu projettes, il projette; nous projetons, vous projetez, ils projettent.

Ainsi se conjuguent : *renouveler; se rappeler, fureter, becqueter, feuilleter, cacheter, épousseter, empaqueter, étiqueter, crocheter.*

4°. Quand, dans la personne d'un verbe, un *e* aigu est suivi d'une consonne et d'un *e* muet, on change l'*e* aigu en *e* grave; mais, lorsqu'après la consonne, il n'y a pas un *e* muet, on conserve l'*e* aigu, et la consonne qui suit l'*e* muet ne se double jamais :

Compléter; *je complète, tu complètes, il complète, nous complétons, vous complétez, ils complètent.*

Conférer; *je confère, tu confères, il confère, nous conférons, vous conférez, ils confèrent.*

Ainsi se conjuguent : *s'inquiéter, s'ingérer, compléter, succéder.*

5°. Les verbes terminés au participe présent par *iant*, prennent deux *i*, et ceux terminés par *yant*, ajoutent *i* après *y* aux premières et aux secondes personnes du pluriel de l'imparfait de l'indicatif, et du présent du subjonctif, pour les distinguer des mêmes personnes du pluriel du présent de l'indicatif :

Participe présent, *oubliant ;* imparfait, *nous oubliions, vous oubliiez ;*

Subjonctif présent, *il faut que nous oubliions, que vous oubliiez.*

Participe présent, *s'asseyant ;* imparfait, *nous nous asseyions, vous vous asseyiez ;*

Subjonctif présent, *il faut que nous nous asseyions, que vous vous asseyiez.*

6°. Les verbes terminés à l'infinitif par *ure*, et par *uer*, prennent un *i* tréma après *u*, à la première et à la seconde personne du pluriel de l'imparfait de l'indicatif, et du présent du subjonctif; sans cela, *ui* aurait le son d'une diphtongue :

Conclure ; imparfait, *nous concluïons, vous concluïez ;*

Subjonctif présent, *il faut que nous concluïons, que vous concluïez.*

Contribuer ; imparfait, *nous contribuïons, vous contribuïez ;*

Subjonctif présent, *il faut que nous contribuïons, que vous contribuïez.*

Ainsi se conjuguent : *exclure, effectuer, inclure, s'habituer.*

Manière de former sur-le-champ les temps simples des verbes suivans, qu'à tort, jusqu'à présent, les Grammairiens ont classés au rang des verbes irréguliers, puisque ces verbes, dans leurs diverses personnes, se conjuguent comme les verbes réguliers, et qu'ils n'en diffèrent que par la lettre euphonique, substituée à la consonne devant la voyelle.

Par raison d'euphonie, devant une voyelle, il faut changer la consonne qui précède la désinence de l'infinitif des verbes suivans :

Coudre ; d en *s :* nous cousons, vous cousez, ils cousent.

Moudre ; d en *l :* nous moulons, vous moulez, ils moulent.

Écrire ; r en *v :* nous écrivons, vous écrivez, ils écrivent.

Conduire ; r en *s :* nous conduisons, vous conduisez, ils conduisent.

Résoudre ; soud en *solv :* nous résolvons, vous résolvez, ils résolvent.

Craindre ; aind en *aign :* nous craignons, vous craignez, ils craignent.

Peindre ; eind en *eign :* nous peignons, vous peignez, ils peignent.

Joindre ; oind en *oign :* nous joignons, vous joignez, ils joignent.

N. B. Les verbes réguliers et irréguliers terminés en *dre*, conservent toujours le *d* au futur et au conditionnel présent.

	FUTUR.	CONDIT. PRÉSENT.
Défendre.	*Je défendrai.* . .	*Je défendrais.*
Coudre.	*Je coudrai.* . . .	*Je coudrais.*
Résoudre.	*Je résoudrai* . . .	*Je résoudrais.*

VERBES LATINS.

CONJUGAISON DU VERBE *Esse*, Être.

Temps simples.

INDICATIF PRÉSENT.

SINGULIER. *Sum*, ... Je suis.
     Es, ... Tu es.
     Est, ... Il *ou* elle est.
PLURIEL. *Sumus*, ... Nous sommes.
     Estis, ... Vous êtes.
     Sunt, ... Ils *ou* elles sont.

IMPARFAIT.

SINGULIER. *Eram*, ... J'étais.
     Eras, ... Tu étais.
     Erat, ... Il *ou* elle était.
PLURIEL. *Eramus*, ... Nous étions.
     Eratis, ... Vous étiez.
     Erant, ... Ils *ou* elles étaient.

FUTUR.

SINGULIER. *Ero*, ... Je serai.
     Eris, ... Tu seras.
     Erit, ... Il *ou* elle sera.
PLURIEL. *Erimus*, ... Nous serons.
     Eritis, ... Vous serez.
     Erunt, ... Ils *ou* elles seront.

IMPÉRATIF.

SINGULIER. *Es* ou *esto*, ... Sois.

     Esto ille, ... Qu'il *ou* qu'elle soit.

PLURIEL. *Simus*, ... Soyons.

     Este ou *estote*, ... Soyez.

     Sunto, ... Qu'ils *ou* qu'elles soient.

SUBJONCTIF PRÉSENT.

Il faut, *oportet ;* il faudra, *oportebit ;*

SINGULIER. *Ut sim*, ... Que je sois.

     Sis, ... Que tu sois.

     Sit, , ... Qu'il *ou* qu'elle soit.

PLURIEL. *Simus*, ... Que nous soyons.

     Sitis, ... Que vous soyez.

     Sint, ... Qu'ils *ou* qu'elles soient.

IMPARFAIT DU SUBJONCTIF.

Il fallait, *oportebat ;* il fallut, *oportuit ;* il faudrait, *oporteret ;*

SINGULIER. *Ut* (1) *essem* ou *forem*, Que je fusse.

     Esses ou *fores*, Que tu fusses.

     Esset ou *foret*, Qu'il *ou* qu'elle fût.

PLURIEL. *Essemus*, . . . Que nous fussions.

     Essetis, ... Que vous fussiez.

     Essent ou *forent*, Qu'ils *ou* qu'elles fussent.

----

(1) Ce temps s'emploie aussi pour le conditionnel présent :
  Je serais, etc.

Temps composés.

Dans les verbes réguliers et irréguliers, ils se forment du prétérit défini, toujours terminé en *i*, en substituant à l'*i* final les désinences suivantes :

PRÉTÉRIT DÉFINI.

SINGULIER(1).	*Fu-i*, ...	Je fus.
	Fu-isti, ...	Tu fus.
	Fu-it, ...	Il *ou* elle fut.
PLURIEL.	*Fu-imus*, ...	Nous fûmes.
	Fu-istis, ...	Vous fûtes.
	Fu-erunt ou *fu-ére*, .	Ils *ou* elles furent.

PLUS-QUE-PARFAIT.

SINGULIER.	*Fu-eram*, ...	J'avais été.
	Fu-eras, ...	Tu avais été.
	Fu-erat, ...	Il *ou* elle avait été.
PLURIEL,	*Fu-eramus*, ...	Nous avions été.
	Fu-eratis, ...	Vous aviez été.
	Fu-erant, ...	Ils *ou* elles avaient été.

FUTUR PASSÉ.

SINGULIER.	*Fu-ero*, ...	J'aurai été.
	Fu-eris, ...	Tu auras été.
	Fu-erit, ...	Il *ou* elle aura été.

---

(1) Ce temps s'emploie aussi pour le prétérit indéfini :

J'ai été, etc.

et pour le prétérit antérieur :

J'eus été, etc.

PLURIEL.   *Fu-erimus*, ... Nous aurons été.

                   Fu-eritis, ... Vous aurez été.

                   Fu-erint, ... Ils *ou* elles auront été.

PRÉTÉRIT DU SUBJONCTIF.

Il aura fallu, *oportuerit ;*

SINGULIER.   *Ut fu-crim*, ... Que j'aie été.

                   Fu-eris, ... Que tu aies été.

                   Fu-erit, ... Qu'il *ou* qu'elle ait été.

PLURIEL.   *Fu-erimus*, . . . Que nous ayons été.

                   Fu-eritis, ... Que vous ayez été.

                   Fu-erint, ... Qu'ils *ou* qu'ell. aient été.

PLUS-QUE-PARFAIT DU SUBJONCTIF.

Il avait fallu, *oportuerat ;* il aurait *ou* il eût fallu, *oportuisset ;*

SINGULIER.   *Ut* (1) *Fu-issem*, . . Que j'eusse été.

                   Fu-isses, . . . Que tu eusses été.

                   Fu-isset, . . . Qu'il *ou* qu'elle eût été.

PLURIEL.   *Fu-issemus*, . Que nous eussions été.

                   Fu-issetis, . . Que vous eussiez été.

                   Fu-issent, . . Qu'ils *ou* qu'el. euss. été.

INFINITIF PRÉSENT ET IMPARFAIT.

Esse, être, qu'il est *ou* qu'il était.

PRÉTÉRIT ET PLUS-QUE-PARFAIT.

Fuisse, avoir été, qu'il a, *ou* qu'il avait été.

-----

(1) Ce temps s'emploie aussi pour le conditionnel passé :
J'aurais *ou* j'eusse été, etc.

FUTUR ET CONDITIONNEL PRÉSENT.

Fore (indéclinable), ou *futurum esse* (déclinable), devoir être, qu'il sera *ou* qu'il serait.

FUTUR PASSÉ ET CONDITIONNEL PASSÉ (déclinables).

Futurum fuisse, avoir dû être, qu'il aurait, *ou* qu'il eût été.

PARTICIPE DU FUTUR.

Futu-rus, *ra*, *rum*, devant être, qui sera, *ou* qui doit être.

Ainsi se conjuguent les verbes suivans, composés de *sum* :

Abesse, être absent; *adesse*, être présent; *deesse*, manquer; *interesse*, assister à; *obesse*, nuire; *præesse*, présider; *subesse*, être dessous; *prodesse*, servir.

Ce dernier verbe, par raison d'euphonie, conserve le *d* devant la lettre *e*, et le perd devant toute autre lettre :

Prosum, je sers; *prodes*, *prodest*, *prosumus*, *prodestis*, *prosunt*. Imparfait, *proderam*, etc. Prétérit, *profui*, etc. Plus-que-parfait, *profueram*, etc. Futur, *prodero*. Conditionnel présent, *prodessem*. Subjonctif présent, *prosim*, etc.

Il y a quatre conjugaisons :

La première est terminée en   *are* (long),   *amare*,   aimer.
La seconde en . . . .   *ere* (long),   *docere*,   enseigner.
La troisième en . . . . . .   *ere* (bref),   *legère*,   lire.
La quatrième en . . . . . .   *ire* (long),   *audire*,   écouter.

N. B. Les *pronoms personnels*, et le verbe *avoir* employé comme auxiliaire, ne s'expriment point en latin ; ce sont les diverses terminaisons du verbe qui marquent les différences des nombres, des personnes et des temps des verbes actifs, neutres, passifs et déponents.

TABLEAU SYNOPTIQUE

DE LA CONJUGAISON DES TEMPS SIMPLES DES VERBES ACTIFS ET NEUTRES.

Ils se forment, en substituant à la consonne précédant la désinence de l'infinitif, les terminaisons suivantes :

	PREMIÈRE CONJUGAISON. *Laud — are*, . . . louer.	DEUXIÈME CONJUGAISON. *Mon — ere*, . . . avertir.	TROISIÈME CONJUGAISON. *Leg — ere*, . . . lire.	QUATRIÈME CONJUGAISON. *Aud — ire*, . . . écouter.

INDICATIF PRÉSENT.

	Laud	*Mon*	*Leg*	*Aud*
	o, je loue.	*eo*, j'avertis.	*o*, je lis.	*io*, j'écoute.
	as, tu loues.	*es*, tu avertis.	*is*, tu lis.	*is*, tu écoutes.
	at, il loue.	*et*, il avertit.	*it*, il lit.	*it*, il écoute.
	amus, nous louons.	*emus*, nous avertissons.	*imus*, nous lisons.	*imus*, nous écoutons.
	atis, vous louez.	*etis*, vous avertissez.	*itis*, vous lisez.	*itis*, vous écoutez.
	ant, ils louent.	*ent*, ils avertissent.	*unt*, ils lisent.	*iunt*, ils écoutent.

IMPARFAIT.

	Laud	*Mon*	*Leg*	*Aud*
	abam, je louais.	*ebam*, j'avertissais.	*ebam*, je lisais.	*iebam*, j'écoutais.
	abas, tu louais.	*ebas*, tu avertissais.	*ebas*, tu lisais.	*iebas*, tu écoutais.
	abat, il louait.	*ebat*, il avertissait.	*ebat*, il lisait.	*iebat*, il écoutait.
	abamus, nous louions.	*ebamus*, nous avertissions.	*ebamus*, nous lisions.	*iebamus*, nous écoutions.
	abatis, vous louiez.	*ebatis*, vous avertissiez.	*ebatis*, vous lisiez.	*iebatis*, vous écoutiez.
	abant, ils louaient.	*ebant*, ils avertissaient.	*ebant*, ils lisaient.	*iebant*, ils écoutaient.

FUTUR.

	Laud	*Mon*	*Leg*	*Aud*
	abo, je louerai.	*ebo*, j'avertirai.	*am*, je lirai.	*iam*, j'écouterai.
	abis, tu loueras.	*ebis*, tu avertiras.	*es*, tu liras.	*ies*, tu écouteras.
	abit, il louera.	*ebit*, il avertira.	*et*, il lira.	*iet*, il écoutera.
	abimus, nous louerons.	*ebimus*, nous avertirons.	*emus*, nous lirons.	*iemus*, nous écouterons.
	abitis, vous louerez.	*ebitis*, vous avertirez.	*etis*, vous lirez.	*ietis*, vous écouterez.
	abunt, ils loueront.	*ebunt*, ils avertiront.	*ent*, ils liront.	*ient*, ils écouteront.

IMPÉRATIF.

	Laud	*Mon*	*Leg*	*Aud*
	a, ou *ato*, loue.	*e*, ou *eto*, avertis.	*e*, ou *ito*, lis.	*i*, ou *ito*, écoute.
	ato (ille), qu'il loue.	*eto (ille)*, qu'il avertisse.	*ito (ille)*, qu'il lise.	*ito (ille)*, qu'il écoute.
	emus, louons.	*emus*, avertissons.	*amus*, lisons.	*iamus*, écoutons.
	ate, ou *atote*, louez.	*ete*, ou *etote*, avertissez.	*ito*, ou *itote*, lisez.	*ito*, ou *itote*, écoutez.
	anto, qu'ils louent.	*ento*, qu'ils avertissent.	*unto*, qu'ils lisent.	*iunto*, qu'ils écoutent.

SUBJONCTIF PRÉSENT.

Il faut, *oportet*; il faudra, *oportebit*;

	Ut laud	*Ut mon*	*Ut leg*	*Ut aud*
	em, que je loue.	*eam*, que j'avertisse.	*am*, que je lise.	*iam*, que j'écoute.
	es, que tu loues.	*eas*, que tu avertisses.	*as*, que tu lises.	*ias*, que tu écoutes.
	et, qu'il loue.	*eat*, qu'il avertisse.	*at*, qu'il lise.	*iat*, qu'il écoute.
	emus, que nous louions.	*eamus*, que nous avertissions.	*amus*, que nous lisions.	*iamus*, que nous écoutions.
	etis, que vous louiez.	*eatis*, que vous avertissiez.	*atis*, que vous lisiez.	*iatis*, que vous écoutiez.
	ent, qu'ils louent.	*eant*, qu'ils avertissent.	*ant*, qu'ils lisent.	*iant*, qu'ils écoutent.

IMPARFAIT SUBJONCTIF (1).

Il fallait, *oportebat*; il fallut, *oportuit*; il faudrait, *oporteret*;

	Ut laud	*Ut mon*	*Ut leg*	*Ut aud*
	arem, que je louasse.	*erem*, que j'avertisse.	*erem*, que je lusse.	*irem*, que j'écoutasse.
	ares, que tu louasses.	*eres*, que tu avertisses.	*eres*, que tu lusses.	*ires*, que tu écoutasses.
	aret, qu'il louât.	*eret*, qu'il avertît.	*eret*, qu'il lût.	*iret*, qu'il écoutât.
	aremus, que nous louassions.	*eremus*, que nous avertissions.	*eremus*, que nous lussions.	*iremus*, que nous écoutassions.
	aretis, que vous louassiez.	*eretis*, que vous avertissiez.	*eretis*, que vous lussiez.	*iretis*, que vous écoutassiez.
	arent, qu'ils louassent.	*erent*, qu'ils avertissent.	*erent*, qu'ils lussent.	*irent*, qu'ils écoutassent.

(1) Ce temps s'emploie aussi pour le conditionnel présent : Je louerais, etc. J'avertirais, etc. Je lirais, etc. J'écouterais, etc.

TABLEAU SYNOPTIQUE

DE LA CONJUGAISON DES TEMPS COMPOSÉS DES VERBES ACTIFS ET NEUTRES, RÉGULIERS ET IRRÉGULIERS.

PREMIÈRE CONJUGAISON.		DEUXIÈME CONJUGAISON.		TROISIÈME CONJUGAISON.		QUATRIÈME CONJUGAISON.	

PRÉTÉRIT (DÉFINI). (1)

Laudav.	*i,* . . . . je louai.	*Monu.*	*i,* . . . . j'avertis.	*Leg* .	*i,* . . . . je lus.	*Audiv.*	*i,* . . . . j'écoutai.
	isti, ... tu louas.		*isti,* . . . . . tu avertis.		*isti,* . . . . . tu lus.		*isti,* . . . . . tu écoutas.
	il, ... il loua.		*iti* . . . . . . il avertit.		*it,* . . . . . . il lut.		*it,* . . . . . . il écouta.
	imus, ... nous louâmes.		*imus,* . . . . nous avertîmes.		*imus,* . . . . nous lûmes.		*imus,* . . . . nous écoutâmes.
	istis, ... vous louâtes.		*istis,* . . . . vous avertîtes.		*istis,* . . . . vous lûtes.		*istis,* . . . . vous écoutâtes.
	erunt, ou *ere,* ils louèrent.		*erunt,* ou *ere,* ils avertirent.		*erunt,* ou *ere,* ils lurent.		*erunt,* ou *ere,* ils écoutèrent.

PLUS-QUE-PARFAIT DE L'INDICATIF.

Laudav.	*eram,* . . . . j'avais loué.	*Monu.*	*eram,* . . . . j'avais averti.	*Leg* .	*eram,* . . . . j'avais lu.	*Audiv.*	*eram,* . . . . j'avais écouté.
	eras, ... tu avais loué.		*eras,* . . . . tu avais averti.		*eras,* . . . . tu avais lu.		*eras,* . . . . tu avais écouté.
	erat, ... il avait loué.		*erat,* . . . . il avait averti.		*erat,* . . . . il avait lu.		*erat,* . . . . il avait écouté.
	eramus, . . . nous avions loué.		*eramus,* . . . nous avions averti.		*eramus,* . . . nous avions lu.		*eramus,* . . . nous avions écouté.
	eratis . . . . vous aviez loué.		*eratis,* . . . . vous aviez averti.		*eratis,* . . . . vous aviez lu.		*eratis,* . . . . vous aviez écouté.
	erant, ... ils avaient loué.		*erant,* . . . . ils avaient averti.		*erant,* . . . . ils avaient lu.		*erant,* . . . . ils avaient écouté.

FUTUR PASSÉ.

Laudav.	*ero,* . . . . . j'aurai loué.	*Monu.* .	*ero,* . . . . . j'aurai averti.	*Leg* .	*ero,* . . . . . j'aurai lu.	*Audiv.* .	*ero,* . . . . . j'aurai écouté.
	eris, ... tu auras loué.		*eris,* . . . . . tu auras averti.		*eris,* . . . . . tu auras lu.		*eris,* . . . . . tu auras écouté.
	erit, ... il aura loué.		*erit,* . . . . . il aura averti.		*erit,* . . . . . il aura lu.		*erit,* . . . . . il aura écouté.
	erimus, . . . nous aurons loué.		*erimus,* . . . nous aurons averti.		*erimus,* . . . nous aurons lu.		*erimus,* . . . nous aurons écouté.
	eritis, ... vous aurez loué.		*eritis,* . . . . vous aurez averti.		*eritis,* . . . . vous aurez lu.		*eritis,* . . . . vous aurez écouté.
	erint, ... ils auront loué.		*erint,* . . . . ils auront averti.		*erint,* . . . . ils auront lu.		*erint,* . . . . ils auront écouté.

PRÉTÉRIT DU SUBJONCTIF.

Il aura fallu, *oportuerit ;*

Ut laudav	*erim,* . . . . que j'aie loué.	*Ut monu*	*erim,* . . . . que j'aie averti.	*Ut leg*	*erim,* . . . . que j'aie lu.	*Ut audiv*	*erim,* . . . . que j'aie écouté.
	eris, ... que tu aies loué.		*eris,* . . . . . que tu aies averti.		*eris,* . . . . . que tu aies lu.		*eris,* . . . . que tu aies écouté.
	erit, ... qu'il ait loué.		*erit,* . . . . . qu'il ait averti.		*erit,* . . . . . qu'il ait lu.		*erit,* . . . . qu'il ait écouté.
	erimus, . . . que nous ayons loué.		*erimus,* . . . que nous ayons averti.		*erimus,* . . . que nous ayons lu.		*erimus,* . . . que nous ayons écou...
	eritis, ... que vous ayez loué.		*eritis,* . . . . que vous ayez averti.		*eritis,* . . . . que vous ayez lu.		*eritis,* . . . . que vous ayez écou...
	erint, ... qu'ils aient loué.		*erint,* . . . . qu'ils aient averti.		*erint,* . . . . qu'ils aient lu.		*erint,* . . . . qu'ils aient écouté.

PLUS-QUE-PARFAIT DU SUBJONCTIF (2).

Il avait fallu, *oportuerat ;* il aurait, *ou* il eût fallu, *oportuisset ;*

Ut laudav	*issem,* . . . . que j'eusse loué.	*Ut monu*	*issem,* . . . . que j'eusse averti.	*Ut leg*	*issem,* . . . . que j'eusse lu.	*Ut audiv*	*issem,* . . . . que j'eusse écouté.
	isses, ... que tu eusses loué.		*isses,* . . . . que tu eusses averti.		*isses,* . . . . que tu eusses lu.		*isses,* . . . . que tu eusses écou...
	isset, ... qu'il eût loué.		*isset,* . . . . qu'il eût averti.		*isset,* . . . . qu'il eût lu.		*isset,* . . . . qu'il eût écouté.
	issemus, . . . que nous eussions loué.		*issemus,* . . . que nous eussions averti.		*issemus,* . . . que nous eussions lu.		*issemus,* . . . que nous eussions...
	issetis, ... que vous eussiez loué.		*issetis,* . . . . que vous eussiez averti.		*issetis,* . . . . que vous eussiez lu.		*issetis,* . . . . que vous eussiez...
	issent, ... qu'ils eussent loué.		*issent,* . . . . qu'ils eussent averti.		*issent,* . . . . qu'ils eussent lu.		*issent,* . . . . qu'ils eussent écou...

(1) Ce temps s'emploie aussi pour le

PRÉTÉRIT INDÉFINI.	PRÉTÉRIT ANTÉRIEUR.	PRÉTÉRIT INDÉFINI.	PRÉTÉRIT ANTÉRIEUR.	PRÉTÉRIT INDÉFINI.	PRÉTÉRIT ANTÉRIEUR.	PRÉTÉRIT INDÉFINI.	PRÉTÉRIT ANTÉ...
J'ai loué, etc.	J'eus loué, etc.	J'ai averti, etc.	J'eus averti, etc.	J'ai lu, etc.	J'eus lu, etc.	J'ai écouté, etc.	J'eus écou...

(2) Ce temps s'emploie aussi pour le conditionnel passé :

J'aurais, *ou* j'eusse loué, etc.	J'aurais, *ou* j'eusse averti, etc.	J'aurais, *ou* j'eusse lu, etc.	J'aurais, *ou* j'eusse écouté, etc.

INFINITIF PRÉSENT ET IMPARFAIT.

Laudare, ... louer, qu'il loue, *ou* qu'il louait.
Monere, ... avertir, qu'il avertit, *ou* qu'il avertissait.
Legere, ... lire, qu'il lit, *ou* qu'il lisait.
Audire, ... écouter, qu'il écoute, *ou* qu'il écoutait.

PRÉTÉRIT ET PLUS-QUE-PARFAIT.

Laudavisse, ... avoir loué, qu'il a, *ou* qu'il avait loué.
Monuisse, ... avoir averti, qu'il a, *ou* qu'il avait averti.
Legisse, ... avoir lu, qu'il a, *ou* qu'il avait lu.
Audivisse, ... avoir écouté, qu'il a, *ou* qu'il avait écouté.

FUTUR ET CONDITIONNEL PRÉSENT (déclinables).

Laudaturum esse, . devoir louer, qu'il louera, *ou* qu'il loue-
    rait.
Moniturum esse, . devoir avertir, qu'il avertira, *ou* qu'il
    avertirait.
Lecturum esse, . . devoir lire, qu'il lira, *ou* qu'il lirait.
Auditurum esse, . devoir écouter, qu'il écoutera, *ou* qu'il
    écouterait.

FUTUR PASSÉ ET CONDITIONNEL PASSÉ (déclinables).

Laudaturum fuisse, avoir dû louer, qu'il aurait, *ou* qu'il eût
    loué.
Moniturum fuisse, avoir dû avertir, qu'il aurait, *ou* qu'il
    eût averti.
Lecturum fuisse, . avoir dû lire, qu'il aurait, *ou* qu'il eût lu.
Auditurum fuisse, . avoir dû écouter, qu'il aurait, *ou* qu'il
    eût écouté.

PARTICIPE PRÉSENT (déclinable).

Laudans, laudant-is, louant, qui loue, *ou* qui louait.
Monens, monent-is, . avertissant, qui avertit, *ou* qui aver-
    tissait.

3ᵉ .. *Legens*, *legent-is*, .. lisant, qui lit, *ou* qui lisait.
4ᵉ .. *Audiens*, *audient-is*, écoutant, qui écoute, *ou* qui écou

PARTICIPE FUTUR (déclinable).

1ʳᵉ C. *Laudatur-us*, *a*, *um*, .devant louer, qui louera, *ou* qui
           louer.
2ᵉ .. *Monitur-us*, *a*, *um*, . devant avertir, qui avertira, *ou*
           doit avertir.
3ᵉ .. *Lectur-us*, *a*, *um*, .. devant lire, qui lira, *ou* qui doit l
4ᵉ. .. *Auditur-us*, *a*, *um*, . devant écouter, qui écoutera, *ou*
           doit écouter.

SUPIN (indéclinable).

1ʳᵉ C. *Laudatum*, ... à, *ou* pour louer.
2ᵉ .. *Monitum*, ... à, *ou* pour avertir.
3ᵉ .. *Lectum*, ... à, *ou* pour lire.
4ᵉ .. *Auditum*, ... à, *ou* pour écouter.

GÉRONDIFS (indéclinables).

1ʳᵉ C. *Laudandi*, de louer; *laudando*, en louant; *laudandum*, à
           pour louer.
2ᵉ .. *Monendi*, d'avertir; *monendo*, en avertissant; *monendum*
           ou pour avertir.
3ᵉ .. *Legendi*, de lire; *legendo*, en lisant; *legendum*, à, *ou* ʟ
           lire.
4ᵉ .. *Audiendi*, d'écouter; *audiendo*, en écoutant; *audiendum*
           ou pour écouter.

Ainsi se conjuguent les verbes suivans :

1ʳᵉ C. *Vocare*, appeler; PRÉTÉRIT, *Vocavi*; SUPIN, *vocatum*
2ᵉ .. *Suadere*, conseiller; PRÉTÉRIT, *Suasi*; SUPIN, *suasum*.
3ᵉ .. *Scribere*, écrire; PRÉTÉRIT, *Scripsi*; SUPIN, *scriptun*
4ᵉ .. *Punire*, punir; PRÉTÉRIT, *Punivi*; SUPIN, *punitun*

N. B. 1 . Le prétérit et le plus-que-parfait de l'infiniti ment de la première personne du singulier du prétérit de dicatif, en ajoutant *sse* à la désinence *i* :

Prétérit, *cepi*, je pris; prétérit et plus-que-parfait de l'infif, *cepisse*, avoir pris, qu'il a, *ou* qu'il avait pris.

2º. Le futur et le conditionnel présent de l'infinitif, se forat du supin *um*, en changeant *um* en *urum esse* :

Supin, *cœnatum*, à, *ou* pour souper; futur et conditionnel sent, *cœnaturum esse*, devoir souper, qu'il soupera, *ou* il souperait.

3º. Les verbes qui n'ont pas de supin, n'ont ni participe fu-, ni futur de l'infinitif.

Il est des verbes qui ont le prétérit de l'indicatif, sans avoir supin; mais il n'y a pas de supin sans prétérit; ainsi donc, verbes qui n'ont pas de prétérit n'ont pas non plus de supin.

4º. Les verbes de la troisième conjugaison, qui ont la preère personne du singulier du présent de l'indicatif terminée en se conjuguent comme *audio*, excepté la seconde personne du gulier de l'impératif, qui est terminée en *e* à l'actif, et en *ere* passif :

Capere, prendre; *capio*, je prends; impératif, *cape* ou *cao*, prends; *capere* ou *capitor*, sois pris.

L'imparfait du subjonctif actif et passif, se conjugue comme is les verbes de la troisième conjugaison :

Caperem, que je prisse, *ou* je prendrais; *caperer*, que je fusse s, *ou* je serais pris.

Quelquefois on syncope, c'est-à-dire, on retranche le *v* dans

les verbes terminés au prétérit en *vi ;* alors la syncope a lie
également pour tous les temps qui sont formés du prétérit :

f Prétérit, *punivi, punii,* je punis; plus-que-parfait, *puniveram*
pu ieram, j'avais puni, etc.

5°. Les verbes { *dicere,* dire;   prétér. *dixi ;* supin, *dictum*
{ *ducere,* conduire; prétér. *duxi ;* supin, *ductum*
{ *facere,* faire;   prétér. *feci ;* supin, *factum*

font à la seconde personne du singulier de l'impératif, *dic, duc*
fac.

VERBES PASSIFS.

Formation des temps simples des verbes passifs

De l'actif on forme dans les temps simples, l
passif, en changeant les désinences des personne
suivantes :

SINGULIER.

1re personne, *o* en *or,* ou *m* en *r :*

Amo, j'aime; *amor,* je suis aimé.

Amem, que j'aime; *amer,* que je sois aimé.

2° personne, *s* en *ris,* ou en *re :*

Amas, tu aimes; *amaris* ou *amare,* tu es aimé.

3° personne, *t* en *tur :*

Amat, il *ou* elle aime; *amatur,* il est aimé *ou* elle est aimée.

PLURIEL.

1re personne, *mus* en *mur :*

Amamus, nous aimons; *amamur,* nous sommes aimés.

personne, *tis, te,* ou *tote,* en *mini :*

matis, vous aimez; *amamini,* vous êtes aimés.

mate ou *amatote,* aimez; *amamini,* soyez aimés,

personne, *nt* en *ntur; nto* en *ntor :*

mant, ils aiment; *amantur,* ils sont aimés.

manto, qu'ils aiment; *amantor,* qu'ils soient aimés.

B. 1°. Par raison d'euphonie, on change la désinence de
onde personne du singulier du futur, des verbes de la pre-
et de la seconde conjugaison, *bis* en *beris,* ou en *bere :*

mabis, tu aimeras; *amaberis* ou *amabere,* tu seras aimé.

adebis, tu conseilleras; *suadeberis* ou *suadebere,* tu seras
illé.

. Dans la troisième conjugaison, il faut changer la seconde
nne du singulier du présent de l'indicatif, *is* en *eris,* ou en
afin de ne pas la confondre avec la seconde personne du
lier du présent de l'indicatif de la quatrième conjugaison :

gis, tu lis; *legeris* ou *legere,* tu es lu.

. Dans la première conjugaison, la seconde personne du
lier de l'impératif passif, est terminée en *are :*

udare, sois loué.

ns la seconde et dans la troisième, elle est terminée en *ere :*

mere, sois averti; *legere,* sois lu.

ns la quatrième, elle est terminée en *ire :*

udire, sois écouté.

4°. Dans la première, dans la seconde, et dans la quatrièi conjugaison, l'infinitif passif se forme de l'infinitif actif, changeant *re* en *ri*; mais dans la troisième, il se forme en cha geant *ere* en *i* :

Ire CONJUGAIS.	*Laudare,*	louer;	*laudari,*	être loué.
2^e	*Monere,*	avertir;	*moneri,*	être aver
4^e	*Audire,*	écouter;	*audiri,*	être écou
3^e	*Legere,*	lire ;	*legi,*	être lu.

TABLEAU SYNOPTIQUE
DE LA CONJUGAISON DES TEMPS SIMPLES DES VERBES PASSIFS.

PREMIÈRE CONJUGAISON.	DEUXIÈME CONJUGAISON.	TROISIÈME CONJUGAISON.	QUATRIÈME CONJUGAISON.

INDICATIF PRÉSENT.

Première	Deuxième (Mon.)	Troisième (Leg.)	Quatrième (Aud.)
or, . . . je suis loué, aris, ou are, . . tu es loué. atur, . . . il est loué. amur, . . . nous sommes loués. amini, . . . vous êtes loués. antur, . . . ils sont loués.	eor, . . . je suis averti. eris, ou ere, . . tu es averti. etur, . . . il est averti. emur, . . . nous sommes avertis. emini, . . . vous êtes avertis. entur, . . . ils sont avertis.	or, . . . e suis lu. eris, ou ere, . . tu es lu. itur, . . . il est lu. imur, . . . nous sommes lus. imini, . . . vous êtes lus. untur, . . . ils sont lus.	iar, . . . je suis écouté. iris, ou ire, . . tu es écouté. itur, . . . il est écouté. imur, . . . nous sommes écoutés. imini, . . . vous êtes écoutés. iuntur, . . . ils sont écoutés.

IMPARFAIT.

Première	Deuxième (Mon.)	Troisième (Leg.)	Quatrième (Aud.)
abar, . . . j'étais loué. abaris, ou abare, tu étais loué. abatur, . . . il était loué. abamur, . . . nous étions loués. abamini, . . . vous étiez loués. abantur, . . . ils étaient loués.	ebar, . . . j'étais averti. ebaris, ou ebare, tu étais averti. ebatur, . . . il était averti. ebamur, . . . nous étions avertis. ebamini, . . . vous étiez avertis. ebantur, . . . ils étaient avertis.	ebar, . . . j'étais lu. ebaris, ou ebare, tu étais lu. ebatur, . . . il était lu. ebamur, . . . nous étions lus. ebamini, . . . vous étiez lus. ebantur, . . . ils étaient lus.	iebar, . . . j'étais écouté. iebaris, ou iebare, tu étais écouté. iebatur, . . . il était écouté. iebamur, . . . nous étions écoutés. iebamini, . . . vous étiez écout s. iebantur, . . . ils étaient écoutés.

FUTUR.

Première	Deuxième (Mon.)	Troisième (Leg.)	Quatrième (Aud.)
abor, . . . je serai loué. aberis, ou abere, tu seras loué. abitur, . . . il sera loué. abimur, . . . nous serons loués. abimini, . . . vous serez loués. abuntur, . . . ils seront loués.	ebor, . . . je serai averti. eberis, ou ebere, tu seras averti. ebitur, . . . il sera averti. ebimur, . . . nous serons avertis. ebimini, . . . vous serez avertis. ebuntur, . . . ils seront avertis.	ar, . . . je serai lu. eris, ou ere, . . tu seras lu. etur, . . . il sera lu. emur, . . . nous serons lus. emini, . . . vous serez lus. entur, . . . ils seront lus.	iar, . . . je serai écouté. ieris, ou iere, . . tu seras écouté. ietur, . . . il sera écouté. iemur, . . . nous serons écoutés. iemini, . . . vous serez écoutés. ientur, . . . ils seront écoutés.

IMPÉRATIF.

Première	Deuxième (Mon.)	Troisième (Leg.)	Quatrième (Aud.)
are, ou ator, . . sois loué. ator (ille), . . . qu'il soit loué. emur, . . . soyons loués. amini, . . . soyez loués. antor, . . . qu'ils soient loués.	ere, ou etor, . . sois averti. etor (ille), . . . qu'il soit averti. eamur, . . . soyons avertis. emini, . . . soyez avertis. entor, . . . qu'ils soient avertis.	ere, . . . sois lu. itor (ille), . . . qu'il soit lu. amur, . . . soyons lus. imini, . . . soyez lus. untor, . . . qu'ils soient lus.	ire, ou itor, . . sois écouté. itor (ille), . . . qu'il soit écouté. iamur, . . . soyons écoutés. imini, . . . soyez écoutés. iuntor, . . . qu'ils soient écoutés.

SUBJONCTIF PRÉSENT.
Il faut, *oportet;* il faudra, *oportebit;*

Première (Ut)	Deuxième (Ut mon)	Troisième (Ut leg)	Quatrième (Ut aud)
er, . . . que je sois loué. eris, ou ere, . . que tu sois loué. etur, . . . qu'il soit loué. emur, . . . que nous soyons loués. emini, . . . que vous soyez loués. entur, . . . qu'ils soient loués.	ear, . . . que je sois averti. earis, ou eare, . que tu sois averti. eatur, . . . qu'il soit averti. eamur, . . . que nous soyons avertis. eamini, . . . que vous soyez avertis. eantur, . . . qu'ils soient avertis.	ar, . . . que je sois lu. aris, ou are, . . que tu sois lu. atur, . . . qu'il soit lu. amur, . . . que nous soyons lus. amini, . . . que vous soyez lus. antur, . . . qu'ils soient lus.	iar, . . . que je sois écouté. iaris, ou iare, . que tu sois écouté. iatur, . . . qu'il soit écouté. iamur, . . . que nous soyons écoutés. iamini, . . . que vous soyez écoutés. iantur, . . . qu'ils soient écoutés.

IMPARFAIT (1).
Il fallait, *oportebat;* il fallut, *oportuit;* il faudrait, *oporteret;*

Première (Ut mon)	Deuxième (Ut mon)	Troisième (Ut leg)	Quatrième (Ut aud)
arer, . . . que je fusse loué. areris, ou arere, que tu fusses loué. aretur, . . . qu'il fût loué. aremur, . . . que nous fussions loués. aremini, . . . que vous fussiez loués. arentur, . . . qu'ils fussent loués.	erer, . . . que je fusse averti. ereris, ou erere, que tu fusses averti. eretur, . . . qu'il fût averti. eremur, . . . que nous fussions avertis. eremini, . . . que vous fussiez avertis. erentur, . . . qu'ils fussent avertis.	erer, . . . que je fusse lu. ereris, ou erere, que tu fusses lu. eretur, . . . qu'il fût lu. eremur, . . . que nous fussions lus. eremini, . . . que vous fussiez lus. erentur, . . . qu'ils fussent lus.	irer, . . . que je fusse écouté. ireris, ou irere, que tu fusses écouté. iretur, . . . qu'il fût écouté. iremur, . . . que nous fussions écoutés. iremini, . . . que vous fussiez écoutés. irentur, . . . qu'ils fussent écoutés.

(1) Ce temps s'emploie aussi pour le conditionnel présent :

Je serais loué, etc.	Je serais averti, etc.	Je serais lu, etc.	Je serais écouté, etc.

TABLEAU SYNOPTIQUE

De la conjugaison des temps composés des verbes passifs.

Les temps composés sont formés du participe passé passif *us*, *a*, *um* (déclinable), avec les temps de l'auxiliaire *esse*.

Le plus ordinairement, le participe passé précède le verbe; cependant il est quelquefois après; on dira plus souvent *victus fuit*, que *fuit victus*, il a été vaincu; cependant, l'un et l'autre sont usités, ce qu'il ne faut pas oublier lorsqu'on traduit.

Laudat
Monit
Lect
Audit

SINGULIER.

us, *a*, *um*; sum . . ou *fui*, ...
us; . . . . . es . . . ou *fuisti*, . .
us; . . . . . est . . . ou *fuit*, . . .

je fus, j'ai été, j'eus été . . . . loué, louée; averti, avertie; lu, lue; écouté, écoutée.

PLURIEL.

i, *œ*, *a*; . . sumus . ou *fuimus*, . .
i; . . . . . estis . . ou *fuistis*, . .
i; . . . . . sunt . . ou *fuerunt*, .

nous fûmes, nous avons été, nous cûmes été . . . . . . loués, louées; avertis, averties; lus, lues; écoutés, écoutées.

SUITE DU TABLEAU SYNOPTIQUE.

PLUS-QUE-PARFAIT.

SINGULIER.

Laudat
Monit
Lect
Audit

us, a, um; eram. . ou *fueram*, .   loué, louée; averti, aver-
us; . . . . . eras . . ou *fueras*, . .   j'avais été . . . .   tie; lu, lue; écouté,
us; . . . . . erat . . ou *fuerat*, . .   écoutée.

PLURIEL.

i, æ, a; . . eramus. ou *fueramus*,   loués, louées; avertis,
i; . . . . . . eratis . ou *fueratis*, .   nous avions été . . . .   averties; lus , lues;
i; . . . . . . erant. . ou *fuerant* , .   écoutés, écoutées.

FUTUR PASSÉ.

SINGULIER.

Laudat
Monit
Lect
Audit

us, a, um; ero. . . ou *fuero*, . .   loué, louée; averti, aver-
us; . . . . . eris . . ou *fueris*, . .   j'aurai été . . . .   tie; lu, lue; écouté,
us; . . . . . erit. . . ou *fuerit* , . .   écoutée.

PLURIEL.

i, æ, a; . . erimus. ou *fuerimus*, .   loués, louées; avertis,
i; . . . . . . eritis. . ou *fueritis*, .   nous aurons été . . . .   averties; lus , lues;
i; . . . . . . erunt. . ou *fuerint*, . .   écoutés, écoutées.

PRÉTÉRIT DU SUBJONCTIF.

Il aura fallu, *oportuerit,*

	SINGULIER.		
Ut	*us, a, um; sim* .. ou *fuerim,* ..		loué, louée; averti, aver-
Laudat	*us;* ...... *sis* ... ou *fueris,* ..	que j'aie été	tie; lu, lue; écouté,
Monit	*us;* ...... *sit* ... ou *fuerit,* ..		écoutée.
	PLURIEL.		
Lect	*i, æ, a;* .. *simus* . ou *fuerimus,*		loués, louées; avertis,
Audit	*i;* ...... *sitis* .. ou *fueritis,* .	que nous ayons été	averties; lus, lues;
	i; ...... *sint* .. ou *fuerint,* ..		écoutés, écoutées.

(1) PLUS-QUE-PARFAIT DU SUBJONCTIF.

Il avait fallu, *oportuerat;* il aurait, *ou* il cût fallu, *oportuisset,*

	SINGULIER.		
Ut	*us, a, um; essem* . ou *fuissem,* .		loué, louée; averti, aver-
Laudat	*us;* ...... *esses* .. ou *fuisses,* ..	que j'eusse été	tie; lu, lue; écouté,
Monit	*us;* ...... *esset* .. ou *fuis et,* .		écoutée.
	PLURIEL.		
Lect	*i, æ, a;* .. *essemus* ou *fuissemus,*		loués, louées; avertis,
Audit	*i;* ...... *essetis* . ou *fuissetis,* .	que nous eussions été	averties; lus, lues;
	i; ...... *essent* . ou *fuissent,* .		écoutés, écoutées.

(1) Ce temps s'emploie aussi pour le conditionnel passé : J'aurais *ou* j'eusse été loué. J'aurais *ou* j'eusse été averti. J'aurais *ou* j'eusse été lu. J'aurais *ou* j'eusse été écouté, etc.

INFINITIF PRÉSENT ET IMPARFAIT.

1re C.	*Laudari*,	être loué, qu'il est, *ou* qu'il était loué.
2e ..	*Moneri*,	être averti, qu'il est, *ou* qu'il était averti.
3e ..	*Legi*,	être lu, qu'il est, *ou* qu'il était lu.
4e ..	*Audiri*,	être écouté, qu'il est, *ou* qu'il était écouté.

PRÉTÉRIT ET PLUS-QUE-PARFAIT (déclinables).

1re C.	*Laudatum esse*, ou *fuisse*,	avoir été loué, qu'il a été, *ou* qu'il avait été loué.
2e ..	*Monitum esse*, ou *fuisse*,	avoir été averti, qu'il a été, *ou* qu'il avait été averti.
3e ..	*Lectum esse*, ou *fuisse*,	avoir été lu, qu'il a été, *ou* qu'il avait été lu.
4e ..	*Auditum esse*, ou *fuisse*,	avoir été écouté, qu'il a été, *ou* qu'il avait été écouté.

FUTUR ET CONDITIONNEL PRÉSENT.

1re C.	*Laudatum iri* (indécl.), *laudandum esse* (décl.),	devoir être loué, qu'il sera, *ou* qu'il serait loué.
2e ..	*Monitum iri* (indécl.), *monendum esse* (décl.),	devoir être averti, qu'il sera, *ou* qu'il serait averti.
3e ..	*Lectum iri* (indécl.), . *legendum esse* (décl.),	devoir être lu, qu'il sera, *ou* qu'il serait lu.
4e ..	*Auditum iri* (indécl.), . *audie dum esse* (décl.),	devoir être écouté, qu'il sera, *ou* qu'il serait écouté.

FUTUR PASSÉ ET CONDITIONNEL PASSÉ (déclinables).

1re C. *Laudandum fuisse*, ... avoir dû être loué, qu'il aurait, *ou* qu'il eût été loué.
2e . . *Monendum fuisse*, ... avoir dû être averti, qu'il aurait, *ou* qu'il eût été averti.
3e . . *Legendum fuisse*, ... avoir dû être lu, qu'il aurait, *ou* qu'il eût été lu.
4e . . *Audiendum fuisse*, ... avoir dû être écouté, qu'il aurait, *ou* qu'il eût été écouté.

PARTICIPE PASSÉ (déclinable).

1re C. *Laudat-us, a, um,* . . . . loué, ayant été, *ou* qui a été loué.
2e . . *Monit-us, a, um,* . . . . averti, ayant été, *ou* qui a été averti.
3e . . *Lect-us, a, um,* . . . . lu, ayant été, *ou* qui a été lu.
4e . . *Audit-us, a, um,* . . . . écouté, ayant été, *ou* qui a été écouté.

PARTICIPE FUTUR (déclinable).

1re C. *Laudand-us, a, um,* . . . . devant être loué, qui sera, *ou* qui serait loué.
2e . . *Monend-us, a, um,* . . . . devant être averti, qui sera, *ou* qui serait averti.
3e . . *Legend-us, a, um,* . . . . devant être lu, qui sera, *ou* qui serait lu.
4e . . *Audiend-us, a, um,* . . . . devant être écouté, qui sera, *ou* qui serait écouté.

SUPIN.

1re C.	*Laudatu*,	....	à être loué.
2e ..	*Monitu*,	....	à être averti.
3e ..	*Lectu*,	....	à être lu.
4e ...	*Auditu*,	....	à être écouté.

Ainsi se conjuguent :

1re C.	*Vocari*; ...	être appelé;	PRÉTÉRIT,	*Vocatus sum*, ou *fui*, ...	je fus, *ou* j'ai été appelé.
2e ..	*Doceri*, ...	être enseigné;	PRÉTÉRIT,	*Doctus sum*, ou *fui*, ...	je fus, *ou* j'ai été enseigné.
3e ..	*Scribi*, ...	être écrit;	PRÉTÉRIT,	*Scriptus sum*, ou *fui*, ...	je fus, *ou* j'ai été écrit.
4e ..	*Puniri*, ...	être puni;	PRÉTÉRIT,	*Punitus sum*, ou *fui*, ...	je fus, *ou* j'ai été puni.

TABLEAU SYNOPTIQUE

Des verbes déponents.

On appelle *verbes déponents*, des verbes qui, en latin, ont la terminaison passive, et en français là terminaison active.

Dans leurs temps simples et composés, ils se conjuguent comme les verbes passifs.

Leur futur de l'infinitif est semblable à celui des verbes actifs ; ils ont, comme ceux-ci, le participe présent, le supin et le gérondif.

Temps de l'infinitif des verbes déponents des quatre conjugaisons.

INFINITIF.

Ire CONJUGAISON. *Imitari*, imiter.   2e. *Vereri*, craindre.   3e. *Sequi*, suivre.   4e. *Largiri*, donner.

PRÉTÉRIT ET PLUS-QUE-PARFAIT (déclinables).

Ire CONJUGAISON.	*Imitatum esse*, ou *fuisse*, ...	avoir imité.
2^e	*Veritum esse*, ou *fuisse*, ...	avoir craint.
3^e	*Secutum esse*, ou *fuisse*, ...	avoir suivi.
4^e	*Largitum esse*, ou *fuisse*, ...	avoir donné.

SUITE DU TABLEAU SYNOPTIQUE.

PUTUR ET CONDITIONNEL PRÉSENT (déclinables).

1re Conjugaison.	*Imitaturum esse*, ... , . .	devoir imiter, qu'il imitera, qu'il imiterait.
2e	*Veriturum esse*, ...	devoir craindre, qu'il craindra, qu'il craindrait.
3e	*Secuturum esse*, ...	devoir suivre, qu'il suivra, qu'il suivrait.
4e	*Largiturum esse*, ...	devoir donner, qu'il donnera, qu'il donnerait.

FUTUR PASSÉ ET CONDITIONNEL PASSÉ (déclinables).

1re Conjugaison.	*Imitaturum fuisse*, ...	avoir dû imiter, qu'il aurait, *ou* qu'il eût imité.
2e	*Veriturum fuisse*, ...	avoir dû craindre, qu'il aurait, *ou* qu'il eût craint.
3e	*Secuturum fuisse*, ...	avoir dû suivre, qu'il aurait, *ou* qu'il eût suivi.
4e	*Largiturum fuisse*, ...	avoir dû donner, qu'il aurait, *ou* qu'il eût donné.

PARTICIPE PRÉSENT (déclinable).

1re Conjugaison.	*Imitans, imitantis*, ...	imitant, qui imite, qui imitait.
2e	*Verens, verentis*, ...	craignant, qui craint, qui craignait.
3e	*Sequens, sequentis*, ...	suivant, qui suit, qui suivait.
4e	*Largiens, largientis*, ... , . . .	donnant, qui donne, qui donnait.

PARTICIPE PASSÉ ACTIF (déclinable).

1re CONJUGAISON.   *Imitat-us*, *a*, *um*, ...   ayant imité, qui **a**, *ou* qui avait imité.
2e . . . .   *Verit-us*, *a*, *um*, ...   ayant craint, qui a, *ou* qui avait craint.
3e . . . .   *Secut-us*, *a*, *um*, ...   ayant suivi, qui a, *ou* qui avait suivi.
4e . . . .   *Largit-us*, *a*, *um*, ...   ayant donné, qui a, *ou* qui avait donné.

PARTICIPE FUTUR ACTIF (déclinable).

1re CONJUGAISON.   *Imitaturus*, *a*, *um*, ...   devant imiter, qui imitera, *ou* qui imiterait.
2e . . . .   *Veritur-us*, *a*, *um*, ...   devant craindre, qui craindra, *ou* qui craindrait.
3e . . . .   *Secutur-us*, *a*, *um*, ...   devant suivre, qui suivra, *ou* qui suivrait.
4e . . . .   *Largitur-us*, *a*, *um*, ...   devant donner, qui donnera, *ou* qui donnerait.

PARTICIPE FUTUR PASSIF (déclinable).

1re CONJUGAISON.   *Imitand-us*, *a*, *um*, ...   devant être, *ou* qui doit être imité.
2e . . . .   *Verend-us*, *a*, *um*, ...   devant être, *ou* qui doit être craint.
3e . . . .   *Sequend-us*, *a*, *um*, ...   devant être, *ou* qui doit être suivi.
4e . . . .   *Largiend-us*, *a*, *um*, ...   devant être, *ou* qui doit être donné.

SUPINS (indéclinables).

1re Conjugaison.	*Imitatum*, . .	à *ou* pour imiter ; . .	*imitatu*, . .	à être imité.
2e	*Veritum*, . . .	à *ou* pour craindre ; .	*veritu*, . . .	à être craint.
3e	*Secutum*, . . .	à *ou* pour suivre ; . .	*secutu*, . .	à être suivi.
4e	*Largitum*, . .	à *ou* pour donner ; . .	*largitu*, . .	à être donné.

GÉRONDIFS.

1re Conjugaison.	*Imitandi*, .	d'imiter ; .	*imitando*, .	en imitant ; .	*imitandum*, .	à *ou* pour imiter.
2e	*Verendi*, .	de craindre ;	*verendo*, .	en craignant ;	*verendum*, .	à *ou* pour craindre.
3e	*Sequendi*, .	de suivre ;	*sequendo*, .	en suivant ; .	*sequendum*, .	à *ou* pour suivre.
4e	*Largiendi*,	de donner ;	*largiendo*, .	en donnant ; .	*largiendum*,	à *ou* pour donner.

Ainsi se conjuguent les verbes suivans :

1re C.	*Precari*, . prier ; . . .	PRÉTÉR.	*Precatus sum*, ou *fui*, je priai, j'ai prié, j'eus prié.
2e	*Polliceri*, promettre ;	PRÉTÉR.	*Pollicitus sum*, ou *fui*, je promis, j'ai promis, j'eus promis.
3e	*Uti*, . . . se servir ; .	PRÉTÉR.	*Usus sum*, ou *fui*, . . je me servis, je me suis servi, je me fus servi.
4e	*Blandiri*, flatter ; . .	PRÉTÉR.	*Blanditus sum*, ou *fui*, je flattai, j'ai flatté, j'eus flatté.

VERBES NEUTRES.

Les verbes neutres se conjuguent comme les verbes actifs.

Il y a des verbes neutres qui, au prétérit, ont la terminaison passive.

Ces verbes, dans leurs temps simples, se conjuguent sur l'actif, et dans leurs temps composés, sur le passif.

Gaudere, se réjouir ; prétérit, *gavisus sum*, ou *fui ;* supin, *gavisum.*

INFINITIF PRÉSENT ET IMPARFAIT.

Gaudere, se réjouir, qu'il se réjouit, *ou* qu'il se réjouissait.

PRÉTÉRIT ET PLUS-QUE-PARFAIT.

Gavisum esse, ou *fuisse*, s'être réjoui, qu'il s'est, *ou* qu'il s'était réjoui.

FUTUR ET CONDITIONNEL PRÉSENT.

Gavisurum esse, devoir se réjouir, qu'il se réjouira, qu'il se réjouirait.

FUTUR PASSÉ ET CONDITIONNEL PASSÉ.

Gavisurum fuisse, avoir dû se réjouir, qu'il se serait, *ou* qu'il se fût réjoui.

PARTICIPE PRÉSENT.

Gaudens , gaudentis , se réjouissant.

PARTICIPE PASSÉ.

Gavis-us, a, um, s'étant réjoui.

PARTICIPE FUTUR.

Gavisur-us, a, um, devant se réjouir.

SUPINS.

Gavisum, pour se réjouir.
Gavisu, à se réjouir.

GÉRONDIFS.

Gaudendi, de se réjouir; *gaudendo*, en se réjouissant; *gaudendum*, à, *ou* pour se réjouir.

Ainsi se conjuguent :

Solere,   avoir coutume; prétérit, *solitus sum*, ou *fui.*
Audere, oser; . . . . . prétérit, *ausus sum*, ou *fui.*
Fidere,   se fier; . . . . prétérit, *fisus sum*, ou *fui.*
Fieri,   devenir; . . . . prétérit, *factus sum*, ou *fui.*

Ce sont les seuls verbes qui forment ainsi leurs prétérits.

VERBES IRRÉGULIERS LATINS.

On appelle *verbes irréguliers*, les verbes qui, dans leurs conjugaisons, ne suivent pas la règle ordinaire des autres verbes.

Comme les verbes ne peuvent être irréguliers que dans leurs temps simples, et que dans leurs temps composés, ils se forment du prétérit terminé par *i*, en y substituant les désinences déjà indiquées dans le tableau synoptique des temps composés des verbes réguliers et irréguliers, je mettrai seulement la première personne du singulier du prétérit de l'indicatif, temps formateur des temps composés.

Posse, pouvoir ; prétérit, *potui*, sans impératif et sans supin.

INDICATIF PRÉSENT.

Je puis *ou* je peux, tu peux, il peut, nous pouvons,
Possum,   potes,   potest,   possumus ,
vous pouvez, ils peuvent.
potestis ,   possunt.

IMPARFAIT.

Je pouvais, etc.
Pot-eram, eras, erat, eramus, eratis, erant.

FUTUR.

Je pourrai, etc.
Pot-ero, eris, erit, erimus, eritis, erunt.

SUBJONCTIF PRÉSENT.

Il faut, *oportet ;* il faudra, *oportebit ;*
Que je puisse, etc.
Ut pos-sim, sis, sit, simus, sitis, sint.

IMPARFAIT DU SUBJONCTIF ET CONDITIONNEL PRÉSENT.

Il fallait, *oportebat ;* il fallut, *oportuit ;* il faudrait, *oporteret ;*
Que je pusse, *ou bien*, je pourrais, etc.
Ut pos-sem, ses, set, semus, setis, sent.

INFINITIF PRÉSENT ET IMPARFAIT.

Posse, pouvoir, qu'il peut, *ou* qu'il pouvait.

PRÉTÉRIT ET PLUS-QUE-PARFAIT.

Potuisse, avoir pu, qu'il a, *ou* qu'il avait pu.

Ferre, porter; prétérit, *tuli;* supin, *latum.*

INDICATIF PRÉSENT.

Je porte, etc.
Fero, fers, fert, ferimus, fertis, ferunt.

IMPARFAIT.

Je portais, etc.
Fer-ebam, ebas, ebat, ebamus, ebatis, eban'.

FUTUR.

Je porterai, et .
Fer-am, es, et, emus, etis, ent.

IMPÉRATIF.

Porte, etc.
Fer ou *ferto, ferto (ille), feramus, ferte* ou *fertote, ferunto.*

SUBJONCTIF PRÉSENT.

Il faut, *oportet;* il faudra, *oportebit;*
Que je porte, etc.
Ut fer-am, as, at, amus, atis, ant.

IMPARFAIT DU SUBJONCTIF ET CONDITIONNEL PRÉSENT.

Il fallait, *oportebat ;* il faudrait, *oporteret ;*
Que je portasse, *ou bien,* je porterais, etc.
Ut fer-rem, res, ret, remus, retis, rent.

INFINITIF PRÉSENT ET IMPARFAIT.

Ferre, porter, qu'il porte, *ou* qu'il portait.

PRÉTÉRIT ET PLUS-QUE-PARFAIT.

Tulisse, avoir porté, qu'il a, *ou* qu'il avait porté.

FUTUR ET CONDITIONNEL PRÉSENT.

Laturum esse, devoir porter, qu'il portera, *ou* qu'il porterait.

FUTUR PASSÉ ET CONDITIONNEL PASSÉ.

Laturum fuisse, avoir dû porter, qu'il aurait, *ou* qu'il eût
porté.

PARTICIPE PRÉSENT.

Fer-ens, entis, portant, qui porte, *ou* qui portait.

PARTICIPE FUTUR.

Latur-us, a, um, devant porter, qui portera, *ou* qui doit
porter.

SUPIN.

Latum, à, *ou* pour porter.

GÉRONDIFS.

Ferendi, de porter ; *ferendo,* en portant ; *ferendum,* à, *ou*
pour porter.

PASSIF.

Ferri, être porté; prétérit, *latus, a, um, sum* ou *fui*, j'ai été porté, etc.

Dans les temps composés, il se conjugue avec le verbe *esse*.

INDICATIF PRÉSENT.

Je suis porté, etc.
Feror, ferris ou *ferre, fertur, ferimur, ferimini, feruntur.*

IMPARFAIT.

J'étais porté, etc.
Fer-ebar, ebaris ou *ebare, ebatur, ebamur, ebamini, ebantur.*

FUTUR.

Je serai porté, etc.
Fer-ar, eris ou *ere, etur, emur, emini, entur.*

IMPÉRATIF.

Sois porté, etc.
Ferre ou *fertor, fertor (ille), feramur, ferimini, feruntor.*

SUBJONCTIF PRÉSENT.

Il faut, *oportet*; il faudra, *oportebit*;
Que je sois porté, etc.
Ut fer-ar, aris ou *are, atur, amur, amini, antur.*

IMPARFAIT DU SUBJONCTIF ET CONDITIONNEL PRÉSENT.

Il fallait, *oportebat*; il faudrait, *oporteret*;
Que je fusse porté, *ou* je serais porté, etc.
Ut fer-rer, reris ou *rere, retur, remur, remini, rentur.*

INFINITIF PRÉSENT ET IMPARFAIT.

Ferri, être porté, qu'il est, *ou* qu'il était porté.

PRÉTÉRIT ET PLUS-QUE-PARFAIT.

Latum esse, ou *fuisse*, avoir été porté, qu'il a été, *ou* qu'il avait été porté.

FUTUR ET CONDITIONNEL PRÉSENT.

Latum iri (indéclinable), ou *ferendum esse* (déclinable), devoir être porté, qu'il sera, *ou* qu'il serait porté.

FUTUR PASSÉ ET CONDITIONNEL PASSÉ.

Ferendum fuisse, qu'il aurait été, *ou* qu'il eût été porté.

PARTICIPE PASSÉ.

Latus, a, um, porté, ayant été porté.

PARTICIPE FUTUR.

Ferendus, a, um, devant être porté, qui sera, *ou* qui serait porté.

SUPIN.

Latu, à être porté.

———

Ire, aller; prétérit *ivi*; supin *itum*.

INDICATIF PRÉSENT.

Je vais, tu vas, il va, nous allons, vous allez, ils vont.
Eo,   s,   it,   imus,   itis,   eunt.

IMPARFAIT.

J'allais, etc.
I-bam, bas, bat, bamus, batis, bant.

FUTUR.

J'irai, etc.
I-bo, bis, bit, bimus, bitis, bunt.

IMPÉRATIF.

Va,   qu'il aille, allons,   allez,   qu'ils aillent.
I ou *ito, ito (ille), eamus, ite* ou *itote,*   *eunto.*

SUBJONCTIF PRÉSENT.

Il faut, *oportet ;* il faudra, *oportebit ;*

Que j'aille, etc.
Ut e-am, as, at, amus, atis, ant.

IMPARFAIT DU SUBJONCTIF ET CONDITIONNEL PRÉSENT.

Il fallait, *oportebat ;* il faudrait, *oporteret ;*

Que j'allasse, *ou bien,* j'irais, etc.
Ut i-rem, res, ret, remus, retis, rent.

INFINITIF PRÉSENT ET IMPARFAIT.

Ire, aller, qu'il va, *ou* qu'il allait.

PRÉTÉRIT ET PLUS-QUE-PARFAIT.

Ivisse, être allé, qu'il est allé, *ou* qu'il était allé.

FUTUR ET CONDITIONNEL PRÉSENT.

Iturum esse, devoir aller, qu'il ira, *ou* qu'il irait.

FUTUR PASSÉ ET CONDITIONNEL PASSÉ.

Iturum fuisse, avoir dû aller, qu'il serait allé, *ou* qu'il fût allé.

PARTICIPE PRÉSENT.

I-ens, euntis, allant, qui va, *ou* qui allait.

PARTICIPE FUTUR.

Itur-us, a, um, devant aller, qui ira, *ou* qui irait.

SUPINS.

Itum, pour aller; *itu,* à aller.

GÉRONDIFS.

Eundi, d'aller; *eundo,* en allant; *eundum,* à aller, *ou* pour aller.

Quire, pouvoir; *nequire,* ne pouvoir pas, se conjuguent comme *ire,* à l'exception qu'ils n'ont ni impératif, ni participe, ni supin, ni gérondifs.

Prétérits : *quivisse,* avoir pu; *nequivisse,* n'avoir pas pu.

Le verbe *circumire,* aller autour; prétérit, *circuivi ;* supin, *circuitum ;* par raison d'euphonie, retranche la lettre *m* devant *i,* et la conserve devant *e.*

INDICATIF PRÉSENT.

Circumeo, circuis, circuit, circuimus, circuitis, circumeunt.

IMPARFAIT.

Circuibam, etc.

FUTUR.

Circuibo, etc.

SUBJONCTIF PRÉSENT.

Circumeam, etc.

IMPARFAIT ET CONDITIONNEL PRÉSENT.

Circuirem, etc.

———

Velle, vouloir; prétérit, *volui*, sans impératif, sans supin et sans gérondifs.

INDICATIF PRÉSENT.

Je veux, tu veux, il veut, nous voulons, vous voulez, ils veulent.
Volo,   vis,   vult,   volumus,   vultis,   volunt.

IMPARFAIT.

Je voulais, etc.
Vol-ebam, ebas, ebat, ebamus, ebatis, ebant.

FUTUR.

Je voudrai, etc.
Vol-am, es, et, emus, etis, ent.

SUBJONCTIF PRÉSENT.

Il faut, *oportet ;* il faudra, *oportebit ;*
Que je veuille, que tu veuilles, qu'il veuille, que nous voulions,
Ut vel-im,   is,   it,   imus,
que vous vouliez, qu'ils veuillent.
it is,   int.

IMPARFAIT DU SUBJONCTIF ET CONDITIONNEL PRÉSENT.

Il fallait, *oportebat ;* il faudrait, *oporteret ;*

Que je voulusse, *ou* je voudrais, etc.

Ut vel-lem, les, let, lemus, letis, lent.

INFINITIF PRÉSENT ET IMPARFAIT.

Velle, vouloir, qu'il veut, *ou* qu'il voulait.

PRÉTÉRIT ET PLUS-QUE-PARFAIT.

Voluisse, avoir voulu, qu'il a voulu, *ou* qu'il avait voulu.

PARTICIPE PRÉSENT.

Volens, volentis, voulant, qui veut, *ou* qui voulait.

———

Nolle, ne vouloir pas ; prétérit, *nolui ;* sans supin et sans gérondifs.

INDICATIF PRÉSENT.

Je ne veux pas, etc.

Nolo, non vis, non vult, nolumus, non vultis, nolunt.

IMPARFAIT.

Je ne voulais pas, etc.

Nol-ebam, ebas, ebat, ebamus, ebatis, ebant.

FUTUR.

Je ne voudrai pas, etc.

Nol-am, es, et, emus, etis, ent.

IMPÉRATIF.

Ne veuille pas, qu'il ne veuille pas, ne veuillons pas,
Noli ou *nolito*,   *nolito (ille)*,   *nolimus*,
ne veuillez pas, qu'ils ne veuillent pas.
nolite ou *nolitote*,   *nolunto*.

SUBJONCTIF PRÉSENT.

Il faut, *oportet ;* il faudra, *oportebit ;*
Que je ne veuille pas, etc.
Ut Nol-im, is, it, imus, itis, int.

IMPARFAIT DU SUBJONCTIF ET CONDITIONNEL PRÉSENT.

Il fallait, *oportebat ;* il faudrait, *oporteret ;*
Que je ne voulusse pas, *ou* je ne voudrais pas, etc.
Ut nol-lem, les, let, lemus, letis, lent.

INFINITIF PRÉSENT ET IMPARFAIT.

Nolle, ne vouloir pas.

PRÉTÉRIT ET PLUS-QUE-PARFAIT.

Noluisse, n'avoir pas voulu.

PARTICIPE PRÉSENT.

Nolens, nolentis, ne voulant pas, qui ne veut pas.

———

Malle, aimer mieux; prétérit, *malui ;* sans impératif, sans
supin et sans gérondifs.

INDICATIF PRÉSENT.

J'aime mieux, etc.
Malo, mavis, mavult, malumus, mavultis, malunt.

IMPARFAIT.

J'aimais mieux, etc.
Mal-ebam, ebas, ebat, ebamus, ebatis, ebant.

FUTUR.

J'aimerai mieux, etc.
Malam, es, et, emus, etis, ent.

SUBJONCTIF PRÉSENT.

Il faut, *oportet ;* il faudra, *oportebit ;*
Que j'aime mieux, etc.
Ut mal-im, is, it, imus, itis, int.

IMPARFAIT DU SUBJONCTIF ET CONDITIONNEL PRÉSENT.

Il fallait, *oportebat ;* il faudrait, *oporteret ;*
Que j'aimasse mieux, *ou* j'aimerais mieux.
Ut mal-lem, les, let, lemus, letis, lent.

INFINITIF PRÉSENT ET IMPARFAIT.

Malle, aimer mieux.

PRÉTÉRIT.

Maluisse, avoir mieux aimé.

PARTICIPE PRÉSENT.

Malens, malentis, aimant mieux.

Edere, manger; prétérit, *edi*; supin, *esum*, ou *estum*.

Outre que ce verbe se conjugue régulièrement comme *lego*, il a encore certaines personnes qui ressemblent à celles du verbe *sum*.

INDICATIF PRÉSENT.

Je mange, etc.
Edo, edis ou *es, edit* ou *est, edimus, editis* ou *estis, edunt.*

IMPARFAIT.

Je mangeais, etc.
Ed-ebam, ebas, ebat, ebamus, ebatis, ebant.

FUTUR.

Je mangerai, etc.
Ed-am, es, et, emus, etis, ent.

IMPÉRATIF.

Mange, qu'il mange, etc.
Ede, es ou *esto, edat, edamus, edite* ou *estote, edant.*

SUBJONCTIF PRÉSENT.

Il faut, *oportet*; il faudra, *oportebit*;
Que je mange, etc.
Ut ed-am, as, at, amus, atis, ant.

IMPARFAIT DU SUBJONCTIF ET CONDITIONNEL PRÉSENT.

Il fallait, *oportebat*; il faudrait, *oporteret*;
Que je mangeasse, *ou* je mangerais, etc.
Ut ede-rem, res, ret, remus, retis, rent.

INFINITIF PRÉSENT ET IMPARFAIT.

Edere, ou *esse*, manger, qu'il mange, *ou* qu'il mangeait.

PRÉTÉRIT ET PLUS-QUE-PARFAIT.

Edisse, avoir mangé, qu'il a mangé, *ou* qu'il avait mangé.

FUTUR ET CONDITIONNEL PRÉSENT.

Esurum esse, devoir manger, qu'il mangera, *ou* qu'il man-
gerait.

FUTUR PASSÉ ET CONDITIONNEL PASSÉ.

Esurum fuisse, avoir dû manger, qu'il aurait, *ou* qu'il eût
mangé.

SUPIN.

Esum ou *estum*, aller manger.

PARTICIPE PRÉSENT.

Edens, *edentis*, mangeant, qui mange, *ou* qui mangeait.

PARTICIPE FUTUR.

Esur-us, *a*, *um*, qui mangera, *ou* qui doit manger.

GÉRONDIFS.

Edendi, de manger; *edendo*, en mangeant; *edendum*, à, *ou*
pour manger.

On trouve aussi pour la troisième personne de
l'indicatif passif, *estur*, on mange.

VERBES DÉFECTUEUX LATINS.

On appelle *verbes défectueux*, des verbes auxquels il manque plusieurs personnes ou plusieurs temps.

INDICATIF PRÉSENT.

Je me souviens, tu te souviens, il se souvient, nous nous
Memini, *meministi,* *meminit,* *memi-*
souvenons, vous vous souvenez, ils se souviennent.
nimus, *meministis,* *meminerunt* ou *meminere.*

IMPARFAIT.

Je me souvenais, etc.
Memin-eram, eras, erat, eramus, eratis, erant.

Point de prétérit ni de plus-que-parfait.

FUTUR.

Je me souviendrai, etc.
Memin-ero, eris, erit, erimus, eritis, erint.

IMPÉRATIF.

Souviens-toi, qu'il se souvienne, souvenez-vous.
Memento, *memento (ille),* *mementote.*

SUBJONCTIF PRÉSENT.

Il faut, *oportet ;* il faudra, *oportebit ;*
Que je me souvienne, etc.
Et memin-erim, eris, erit, erimus, eritis, erint.

IMPARFAIT DU SUBJONCTIF ET CONDITIONNEL PRÉSENT.

Il fallait, *oportebat;* il faudrait, *oporteret;*

Que je me souvinsse, *ou* je me souviendrais, etc.
Ut memin-issem, isses, isset, issemus, issetis, issent.

INFINITIF.

Meminisse, se souvenir.

Ainsi se conjuguent :

Norisse, connaître; *cœpisse,* commencer; *odisse,* haïr.

Ce dernier fait au prétérit *osus sum* ou *fui,* etc.

Ces trois verbes n'ont pas d'impératif.

INDICATIF PRÉSENT.

Je dis, tu dis, il dit, ils disent.
Aio, ais, ait, aiunt.

IMPARFAIT.

Je disais, etc.
Aic-bam, bas, bat, bamus, batis, bant.

PRÉTÉRIT.

Tu as dit, vous avez dit.
Aisti, aistis.

SUBJONCTIF PRÉSENT.

Il faut, *oportet ;* il faudra, *oportebit ;*

Que tu dises, qu'il dise, que vous disiez, qu'ils disent.
 Ut aias,   *aiat,*   *aiatis,*   *aiant.*

PARTICIPE PRÉSENT.

Aiens, aientis, disant.

INDICATIF PRÉSENT.

Dis-je ? dis-tu ? dit-il ? disons-nous ? dites-vous ? disent-ils ?
Inquam, inquis, inquit, inquimus,   inquitis,   inquiunt.

IMPARFAIT.

Disait-il ?   disaient-ils ?
Inquiebat,   inquiebant.

PRÉTÉRIT.

As-tu dit ? a-t-il dit ? avez-vous dit ?
Inquisti,   inquit,   inquistis.

FUTUR.

Diras-tu ? dira-t-il ?
Inquies,   inquiet.

IMPÉRATIT.

Dis ?
Inque ou *inquito.*

SUBJONCTIF.

Il faut, *oportet ;* il faudra, *oportebit ;*
Qu'il dise.
Ut inquiat.

VERBES IMPERSONNELS.

Temps simples.

INDICATIF PRÉSENT.

Oportet, ... il faut.

IMPARFAIT.

Oportebat, ... il fallait.

FUTUR.

Oportebit, ... il faudra.

SUBJONCTIF PRÉSENT.

Oporteat, ... qu'il faille.

IMPARFAIT DU SUBJONCTIF ET CONDITIONNEL PRÉSENT.

Oporteret, ... qu'il fallût, *ou* il faudrait.

Temps composés.

PRÉTÉRITS DÉFINI, INDÉFINI, ANTÉRIEUR.

Oportuit, ... il fallut, il a, *ou* il eut fallu.

PLUS-QUE-PARFAIT.

Oportuerat, ... il avait fallu.

FUTUR PASSÉ.

Oportuerit, ... il aura fallu.

PRÉTÉRIT DU SUBJONCTIF.

Oportuerit, ... qu'il ait fallu.

PLUS-QUE-PARFAIT DU SUBJONCTIF ET CONDITIONNEL PASSÉ.

Oportuisset, ... qu'il eût fallu, *ou* il aurait fallu.

INFINITIF PRÉSENT.

Oportere, ... falloir.

PRÉTÉRIT.

Oportuisse, ... avoir fallu.

Ainsi se conjuguent :

Decet ,   il convient ;   prétérit,   *decuit.*
Libet ,   il plaît ;   prétérit,   *libuit,* ou *libitum est.*
Licet,   il est permis ;   prétérit,   *licuit,* ou *licitum est.*
Liquet ,   il est clair ;   sans prétérit.
Placet ,   il plaît ;   prétérit,   *placuit,* ou *placitum est.*

Les cinq verbes suivans, quoique n'étant pas impersonnels en français, le deviennent en latin ; ils veulent à l'accusatif le nom ou le pronom qui les précède :

Me pœnitet, je me repens ; *me piget,* je suis fâché ; *me pudet,* j'ai honte ; *me tædet,* je m'ennuie ; *me miseret,* j'ai compassion ; c'est comme s'il y avait : *pœnitentia me tenet,* le repentir me tient, etc.

Temps simples.

INDICATIF PRÉSENT.

Me pœnitet , ... je me repens.
Te pœnitet , ... tu te repens.
Illum, illam pœnitet , ... il, elle se repent.
Nos pœnitet , ... nous nous repentons.
Vos pœnitet , ... vous vous repentez.
Illos, illas pœnitet , ... ils, elles se repentent.

IMPARFAIT.

Me pœnitebat , ... je me repentais, etc.

FUTUR.

Me pœnitebit , ... je me repentirai, etc.

SUBJONCTIF PRÉSENT.

Il faut, *oportet ;* il faudra, *oportebit ;*
Ut me pœniteat , ... que je me repente, etc.

IMPARFAIT DU SUBJONCTIF ET CONDITIONNEL PRÉSENT.

Il fallait, *oportebat ;* il faudrait, *oporteret ;*
Ut me pœniteret , ... que je me repentisse, *ou* je me
repentirais, etc.

Temps composés.

PRÉTÉRITS DÉFINI , INDÉFINI , ANTÉRIEUR.

Me pœnituit , ... je me repentis, je me suis, *ou* je
me fus repenti , etc.

PLUS-QUE-PARFAIT.

Me pœnituerat, ... je m'étais repenti, etc.

FUTUR PASSÉ.

Me pœnituerit, ... je me serai repenti, etc.

PRÉTÉRIT DU SUBJONCTIF.

Il aura fallu, *oportuerit ;*

Ut me pœnituerit, ... que je me sois repenti, etc.

PLUS-QUE-PARFAIT DU SUBJONCTIF ET CONDITIONNEL PASSÉ.

Il aurait, *ou* il eût fallu, *oportuisset ;*

Ut me pœnituisset, ... que je me fusse repenti, *ou* je me
　　　　　　　　　　　　　　　　serais repenti, etc.

INFINITIF PRÉSENT ET IMPARFAIT.

Pœnitere, ... se repentir, qu'il se repent, *ou*
　　　　　　　　　　　　　　　qu'il se repentait.

PRÉTÉRIT ET PLUS-QUE-PARFAIT.

Pœnituisse, ... s'être repenti, qu'il s'est, *ou* qu'il
　　　　　　　　　　　　　　　s'était repenti.

PARTICIPE PRÉSENT.

Pœnitens, pœnitentis, . . . se repentant, qui se repent, *ou*
　　　　　　　　　　　　　　　qui se repentait.

PARTICIPE FUTUR PASSIF.

Pœnite d-us, a, um, . . . dont on doit se repentir.

GÉRONDIFS.

Pœnitendi, de se repentir; *pœnitendo*, en se repentant; *pœnitendum*, à, *ou* pour se repentir.

IMPERSONNEL PASSIF.

INDICATIF PRÉSENT.

Dicitur, ... on dit.

IMPARFAIT.

Dicebatur, ... on disait.

PRÉTÉRIT.

Dictum est, ou *fuit*, ... on a dit.

PLUS-QUE-PARFAIT.

Dictum erat, ou *fuerat*, . . on avait dit.

FUTUR.

Dicetur, ... on dira.

FUTUR PASSÉ.

Dictum erit, ou *fuerit*, . . . on aura dit.

SUBJONCTIF PRÉSENT.

Dicatur, ... qu'on dise.

IMPARFAIT DU SUBJONCTIF ET CONDITIONNEL PRÉSENT.

Diceretur, ... qu'on dît, *ou* l'on dirait.

PRÉTÉRIT DU SUBJONCTIF.

Dictum sit, ou *fuerit*, ... que l'on ait dit.

PLUS-QUE-PARFAIT DU SUBJONCTIF ET CONDITIONNEL PASSÉ.

Dictum esset, ou *fuisset*, . . . que l'on eût dit, *ou* l'on aurait dit.

On peut rendre impersonnels tous les verbes actifs et neutres.

Manière sûre de connaître sur-le-champ en traduisant, les pronoms personnels français, correspondans aux désinences des diverses personnes des temps simples et composés des verbes latins, actifs, neutres, passifs et déponents.

DÉSINENCES LATINES.   PRONOMS PERSONNELS FRANÇAIS.

SINGULIER.

1re personne : *o, m, i*, actif et neutre;
or, passif et déponent . . . . . . } Je.

Mut-o, *je* change;
Mute-m, que *je* change;
Mutav-i, *je* changeai, *j'ai changé,
    j'eus changé;
Passif, *mut*-or, *je* suis changé;
Déponent, *sequ*-or, *je* suis.

2e personne : *s, isti;* passif et déponent, *ris* ou *re* . . . . } Tu.

Muta-s, *tu* changes;

Mutav-isti, *tu* changeas, *tu* as changé,
   tu eus changé;
Passif, *muta*-ris, ou *muta*-re, *tu* es
   changé;
Déponent, *seque*-ris, ou *seque*-re, *tu*
   suis;

3ᵉ personne : *t*; pass. et dépon. *tur*,   Il *ou elle.*

Muta-t, *il* ou *elle* change;
Passif, *muta*-tur, *il* ou *elle* est chan-
   gée;
Déponent, *sequi*-tur, *il* ou *elle* suit.

PLURIEL.

1ʳᵉ personne : *mus*; pass. et dép., *mur*.   Nous.

Muta-mus, *nous* changeons;
Passif, *muta*-mur, *nous* sommes
   changés;
Déponent, *sequi*-mur, *nous* suivons.

2ᵉ personne : *tis*; pass. et dép., *mini*.   Vous.

Muta-tis, *vous* changez;
Passif, *muta*-mini, *vous* êtes changés;
Déponent, *sequi*-mini, *vous* suivez.

3ᵉ personne : *t*; passif et dép., *ntur*.   Ils *ou elles.*

Mutan-t, *ils* ou *elles* changent;
Passif, *muta*-ntur, *ils* ou *elles* sont
   changés, changés;
Déponent, *sequu*-ntur, *ils* ou *elles* suivent.

Concordance des temps des verbes.

Les verbes qui expriment l'espoir, la certitude, la persuasion, régissent les temps de l'indicatif; mais ceux qui expriment une chose qui tient de l'admiration, de la surprise, de la volonté, du doute ou du souhait, régissent les temps du subjonctif :

j'espère, je suis sûr, je suis persuadé que vous faites, que vous ferez, que vous feriez, que vous avez fait, que vous auriez fait.

Je désire, je doute, je veux que vous alliez, que vous obteniez, etc.

Emploi des temps des verbes au subjonctif.

L'emploi des temps du verbe a pour chaque langage,
Dû se régler toujours chez les peuples divers,
Sur quatre documens, dont mes techniques vers,
Vont ici préciser l'inviolable usage :
Au présent, au futur, que présent appartienne.
Imparfait, prétérits, réclament l'imparfait.
Après plus-que-parfait, viendra plus-que-parfait.
Avec futur passé, que parfait se maintienne.

Après le présent de l'indicatif et le futur, on met le présent du subjonctif :

Il faut, il faudra que je couse, que je m'asseye.

Après l'imparfait de l'indicatif, le conditionnel présent, les prétérits défini et indéfini, on met l'imparfait du subjonctif :

Il fallait, il faudrait, il fallut, il a fallu que je cousisse, que je m'assisse.

Après le futur passé, on met le prétérit du subjonctif :

Il aura fallu que j'aie cousu, que je me sois assis.

Après le plus-que-parfait de l'indicatif et le conditionnel passé, on met le plus-que-parfait du subjonctif :

Il avait, il aurait, ou *il eût fallu que j'eusse cousu, que je me fusse assis.*

N. B. 1°. Le verbe précédé ou suivi de l'imparfait conditionnel, se met à l'imparfait du subjonctif :

Si c'était moi qui vous engageasse, qui vous disse ;

Qui doute que vous n'obtinssiez une place, si vous la sollicitiez?

2°. Le verbe précédé ou suivi du plus-que-parfait conditionnel, se met au plus-que-parfait du subjonctif :

Si ç'avait été, ou *si c'eût été vous qui lui eussiez dit, qui vous vous fussiez présenté.*

Qui doute, que vous n'eussiez obtenu une

pension, si vous l'aviez, ou si vous l'eussiez sollicitée ?

3°. Les verbes où le désir et la supposition sont sous-entendus, se mettent au temps du subjonctif, et dans l'interrogation, l'*e* muet se change en *e* aigu :

Dussé-je perdre mon procès, je plaiderais, si on exigeait de moi une chose injuste.

Eussé-je l'espoir, fussé-je même sûr d'obtenir une place, je la refuserais, si je la devais à la bassesse et à l'intrigue.

Observation importante.

On doit toujours mettre le second verbe aux temps de l'indicatif, quel que soit le temps du premier verbe, quand ce verbe exprime une chose vraie dans tous les temps, ou quand il s'agit d'une chose qui existe au moment où l'on parle :

Qui est-ce qui a jamais nié que Dieu existe ?

Quintilien a dit que la conscience vaut mille témoins.

Un sage de la Grèce prétendait que la santé est le premier de tous les biens.

J'ai écrit à mon ami, que vous avez une nombreuse famille, et qu'il fallait qu'il vous fît passer quelques secours.

N. B. En latin, tous les verbes réguliers et irréguliers, forment leur imparfait subjonctif en *rem*, *res*, *ret*, *remus*, *retis*, *rent;* excepté le verbe *sum* et ses composés, qui forment le leur en *sem*, *ses*, *set*, *semus*, *setis*, *sent.*

En français, la plupart des verbes forment irrégulièrement leur imparfait subjonctif en *isse*, ou en *usse.*

Comme en latin, ce temps se trouve très-souvent employé, et que l'élève se trompe presque toujours, pour le traduire en français, je donne le tableau synoptique et alphabétique des verbes français qui forment irrégulièrement leur imparfait subjonctif, ainsi que celui des verbes qui n'ont pas d'imparfait subjonctif; et j'indique les verbes dont on doit se servir pour les conjuguer.

TABLEAU SYNOPTIQUE

Des verbes actifs et neutres français, qui forment irrégulièrement leur imparfait subjonctif.

IMPARFAIT SUBJONCTIF.

Il fallait, il fallut hier, il a fallu ce matin, il faudrait,

Acquérir et ses composés. . . .	Que j'acquisse, *ut acquirerem*, etc.
Boire.	Je busse, *biberem*.
S'asseoir et ses composés. . . .	Je m'assisse, *sederem*.
Courir et ses composés.	Je courusse, *currerem*.
Coudre et ses composés	Je cousisse, *suerem*.
Croire, croître et ses composés.	Je crusse, *crederem*, *crescerem*..
Conclure, exclure.	Je conclusse, exclusse, *concluderem*, *excluderem*.
Conduire et ses composés. . . .	Je conduisisse, *ducerem*.
Craindre et ses composés. . . .	Je craignisse, *timerem*.

Feindre et ses composés. . . .	Je feignisse, *fingerem.*
Joindre et ses composés. . . .	Je joignisse, *jungerem.*
Dire et ses composés.	Je disse, *dicerem.*
Emouvoir.	J'émusse, *commoverem.*
Ecrire et ses composés.	J'écrivisse, *scriberem.*
Faire et ses composés.	Je fisse, *facerem.*
Lire, élire.	Je lusse, élusse, *legerem, eligerem.*
Mourir.	Je mourusse, *moreror* déponent).
Moudre et ses composés. . . .	Je moulusse, *molerem.*
Mettre et ses composés	Je misse, *ponerem.*
Naître.	Je naquisse, *nascerer* (déponent).
Paraître et ses composés. . . .	Je parusse, *viderer* (déponent).
Plaire	Je plusse, *placerem.*
Prendre et ses composés. . . .	Je prisse, *caperem.*
Se repaître.	Je me repusse, *pascerer* (déponent).
Résoudre.	Je résolusse, *solverem.*
Rire	Je risse, *riderem.*
Savoir	Je susse, *scirem.*
Surseoir	Je sursisse, *supersederem.*
Tenir et ses composés.	Je tinsse, *tenerem.*
Se taire	Je me tusse, *tacerem.*
Vaincre et ses composés. . . .	Je vainquisse, *vincerem.*
Vivre	Je vécusse, *viverem.*
Voir et ses composés	Je visse, *viderem.*

Retranchez de chacun de ces verbes la désinence *se*, vous aurez le prétérit défini, qui est le temps formateur de l'imparfait subjontif :

J'acquis, je bus, je m'assis, etc.

N. B. On fera conjuguer en latin, aux élèves dans leurs diverses personnes, ces verbes français irréguliers à l'imparfait subjonctif :

Il fallait, *oportebat ;* il fallut, il a fallu, *oportuit ;* il faudrait, *oporteret ;*

Que j'acquisse, ...	*ut acquirerem.*
Que tu acquisses, ...	*ut acquireres,* etc.

Verbes qui n'ont pas de prétérit défini, et par conséquent, d'imparfait subjonctif :

Absoudre, dissoudre, clore, éclore, enclore; frire, luire (*pris dans un sens figuré*), choir (*vieux*), quérir, paraître, traire, extraire, se distraire, se soustraire.

Tels sont les verbes dont on doit se servir pour les conjuguer :

Je désirerais que,

Vous voulussiez	absoudre.
Vous fissiez	clore, éclore. enclore, dissoudre. frire, luire.
Vous laissassiez	choir
Vous tâchassiez	
Vous voulussiez	
Vous pussiez	extraire, distraire, soustraire.
Vous cherchassiez à	
Vous allassiez	quérir, traire.
Vous menassiez	paître.

V. DU PARTICIPE.

Le *participe* est ainsi appelé, parce qu'il participe de la nature du verbe, en ce qu'il en a la signification et le régime, comme *secourant les malheureux, comblé de faveurs;* il tient de la nature de l'adjectif, en ce qu'il peut qualifier une personne ou une chose, comme *un livre bien écrit, des enfants bien élevés.*

Il y a deux sortes de participes : le *participe présent* et le *participe passé.*

Le *participe présent* exprimant une action présente, est terminée par *ant*, et est invariable.

Il se distingue de l'adjectif, également terminé par *ant*, parce qu'il exprime une action, au lieu que l'adjectif ne fait que qualifier ou modifier le substantif auquel il se rapporte, et n'exprime jamais d'action :

On trouve trouve toujours ces enfans *jouant, folâtrant,* et jamais *travaillant.*

Votre tante est une personne *méritante, obligeante* et *prévenante.*

Ces dames sont des femmes *obligeant* et *prévenant* tout le monde de la manière la plus délicate et la plus gracieuse.

Les participes suivans rentrent dans la classe des adjectifs, et ne s'emploient guère qu'au barreau :

Appartenant, apporchant, attenant, demeurant, dépendant, jouissant, répugnant, tendant et *usant.*

Cette ferme est *appartenante* à votre cousin.

Cette robe est d'une couleur *approchante* de celle de votre schall.

Ces maisons sont *dépendantes* du château.

Votre sœur a été assignée au lieu où elle est *demeurante*.

Des filles *usantes* et *jouissantes* de leurs droits.

Une requête *tendante* à la cassation d'un arrêt.

PARTICIPE PASSÉ.

Le participe passé est toujours précédé d'un des auxiliaires *avoir* ou *être*, exprimé ou sous-entendu.

Le participe précédé d'un des temps du verbe *être* ne signifiant pas *avoir* (comme il le signifie dans les verbes réfléchis et réciproques) est toujours variable, c'est-à-dire, s'accorde en genre et en nombre avec le sujet ou le nominatif du verbe (*qui est-ce qui ?*)

Je serai flatté ou *flattée*, *nous serons flattés* ou *flattées*.

Je suis allé ou *allée*, *sorti* ou *sortie*, *parti* ou *partie*.

Nous sommes allés ou *allées*, *sortis* ou *sorties*, *partis* ou *parties*.

Quand le participe est précédé d'un des temps du verbe *avoir* ou du verbe *être* signifiant *avoir*, c'est-à-dire quand le verbe *être* est précédé d'un des pronoms conjonctifs *me*, *te*, *se*, *nous*, *vous*, *se*, il y a accord, lorsqu'en faisant l'interrogation par *qu'est-ce que ?* ou par *quoi ?* le régime direct est avant le participe ; mais il n'y a point d'accord, quand le régime est après le participe, ou lorsque

le participe étant suivi d'un verbe actif exprimé
ou sous-entendu, ce verbe en est le régime.

*Les plans que nous avons présentés, on les a
approuvés.*

Qu'est-ce que nous avons présenté? *les plans;*
il y a accord, le régime direct *plans* est avant le
participe.

Qu'est-ce qu'on a approuvé? *les plans,* repré-
sentés par *les;* il y a accord, le régime direct *les*
précède le participe.

*Nous avons présenté des plans, et nous avons
fait plusieurs démarches pour les faire adopter.*

Qu'est-ce que nous avons présenté? *des plans,*
point d'accord, le régime *plan* est après le participe.

Qu'est-ce que nous avons fait? *plusieurs démarches;* point d'accord, le régime *démarche*
suit le participe.

*Vos sœurs se sont rencontrées ce matin, se
sont reproché leurs défauts, se sont ensuite réconciliées, et se sont juré une amitié éternelle.*

Vos sœurs se sont rencontrées ce matin.
Qu'est-ce que vos sœurs ont rencontré? *elles;* accord: le régime direct *se* est avant le participe.

Se sont reproché leurs défauts.

Elles ont reproché *quoi? leurs défauts;* point
d'accord, le régime *défaut* est après le participe.

Se sont réconciliées; il y a accord, le régime
direct *se* précède le participe.

Se sont juré une amitié éternelle ; point d'accord, le régime *amitié* suit le participe.

J'ai trouvé plus d'obstacles que vous n'en avez rencontré ; c'est-à-dire, *que vous n'avez rencontré d'eux* (d'obstacles).

Il n'y a point d'accord, parce que le relatif *en* est régime indirect du participe *rencontré.*

Cette femme s'est laissée tomber, mourir.

Il y a accord, parce que la femme *a laissé elle tomber, mourir.*

L'action tombe sur le régime *se,* et non sur les verbes *tomber, mourir,* qui sont des verbes neutres.

Cette femme s'est laissé convaincre, per-suader.

Point d'accord, parce que les verbes actifs *con-vaincre, persuader,* sont régime du participe, car cette femme n'a pas laissé elle *convaincre, per-suader ;* mais elle a laissé *convaincre, persua-der elle.* L'action tombe sur les verbes *persuader, convaincre,* et non sur le régime *se.*

La jeune personne que j'ai vu peindre par Gérard, je l'ai vue aussi peindre une dame de votre connaissance.

La jeune personne que j'ai vu peindre par Gérard.

Qu'est-ce que j'ai vu peindre par Gérard ? *la jeune personne ;* point d'accord, parce que le verbe *peindre* est régime du participe *vu.*

Je l'ai vue aussi peindre une dame de votre connaissance.

Qu'est-ce que j'ai vu ? *la jeune personne peindre une dame ;* il y a accord, parce que *la* remplaçant la jeune personne, précède le participe *vue*, et en est le régime direct.

Ces melons sont beaucoup meilleurs que je ne l'aurais cru ; point d'accord, parce que le participe est régime du verbe *qu'ils étaient* (sous-entendu).

Nous ne vous avons pas rendu tous les services que nous aurions désiré, pu, dû, voulu ; point d'accord, parce que le participe est régime du verbe *rendre* (sous-entendu).

Jamais d'accord, quand le verbe est impersonnel.

Les chaleurs qu'il a fait.

La disette qu'il y a eu.

Il s'est élevé une dispute.

Il s'est formé une cabale contre votre pièce.

Les maladies qu'il y a eu, ont été causées par les brouillards qu'il a fait.

Jamais d'accord, quand les adverbes de quantité *trop* ou *peu* sont suivis d'un substantif singulier féminin ; mais il y a toujours accord, quand ces adverbes sont suivis d'un substantif pluriel :

Le trop ou *le peu de lenteur que vous avez mis dans cette affaire.*

Le trop ou *le peu d'occasions que vous avez eues de vous distinguer.*

Point d'accord, lorsque les participes n'ont point de régime direct, et qu'ils ne peuvent se tourner par le passif :

Les sommes que ce procès m'a coûté.

Les honneurs que mon habit m'a valu.

Les jours que j'ai vécu.

La nuit que j'ai dormi.

Ces quatre participes sont invariables, parce qu'ils n'ont point de régime direct, et qu'ils ne peuvent se tourner par *être coûté*, *être valu*, *être dormi*, *être vécu*.

Les Grammairiens, par raison d'euphonie, rendent invariables les participes *plaint, craint, fui ;* je crois que l'on pourrait accorder l'oreille avec le précepte, en faisant suivre ces participes d'un mot qui commençât par une voyelle : alors ils seraient variables comme les autres participes :

La femme que j'ai plainte en mon particulier.

C'est une personne que j'ai toujours crainte et évitée.

C'est une société que j'ai fuie avec horreur.

Ce sont des personnes que j'ai craintes avec raison, et que j'ai fuies avec soin.

Phrase renfermant tous les participes passés, que l'on donnera à analyser aux élèves :

« Les ouvriers que j'ai *envoyé* chercher, se sont » mal *comportés.* Que de personnes ont *blâmé*

» leur conduite ! Ceux que j'ai *envoyés*, chercher la
» toile que j'avais *laissée* à dix lieues d'ici, se sont
» *laissé* surprendre par la nuit. Le peu de dili-
» gence qu'ils ont *fait*, les a *exposés* aux pour-
» suites des voleurs, qui ne les ont *laissés* partir,
» qu'après en avoir *dépouillé* plusieurs, les avoir
» *maltraités*, leur avoir *fait* mille outrages, et les
» avoir *laissés* pour morts. Que de mauvais traite-
» mens n'ont-ils pas *essuyés !* »

PARTICIPE PRÉSENT LATIN.

Le participe présent latin est toujours variable,
et se décline sur la troisième déclinaison.

Dans la première conjugaison, il est terminé
en *ans*, *antis* ; *amans*, *amantis*, aimant.

Dans la seconde et dans la troisième conjugaison,
il est terminé en *ens*, *entis* ; *videns*, *videntis*,
voyant ; *credens*, *credentis*, croyant.

Dans la quatrième conjugaison, il est terminé
en *iens*, *ientis* ; *dormiens*, *dormientis*, dormant.

N. B. Le participe présent, précédé de la préposition *en*, est terminé dans la première conjugaison en *ando* (invariable); *amando*, en aimant.

Dans la seconde et dans la troisième, en *endo*
(invariable); *videndo*, en voyant; *credendo*, en
croyant.

Dans la quatrième, en *iendo* (invariable), *dor-*
miendo, en dormant.

PARTICIPE PASSÉ PASSIF LATIN.

Le participe passé passif latin est terminé en *us*, *a*, *um*, et s'accorde en genre, en nombre et en cas, avec le sujet où le nominatif du verbe :

Votre frère a été reçu, . . .	*tuus frater fuit receptus.*
Vos frères ont été reçus, . .	*tui fratres fuerunt recepti.*
Votre sœur a été blâmée, . .	*tua soror fuit vituperata.*
Vos sœurs ont été blâmées,	*tuæ sorores fuerunt vituperatæ.*
Le vin a été vendu, ...	*vinum fuit venditum.*
Les vins ont été vendus, . .	*vina fuerunt vendita.*

VI. DE L'ADVERBE.

L'*adverbe* est un mot invariable qui se joint au verbe et aux adjectifs, pour en exprimer les manières ou les circonstances.

Quand l'adjectif est terminé au masculin par une voyelle, on forme l'adverbe en ajoutant *ment* à la voyelle finale :

Vrai, vraiment; modéré, modérément; poli, poliment; ingénu, ingénument.

Quand l'adjectif est terminé au masculin par une consonne, l'adverbe se forme du féminin en ajoutant *ment* :

Libérale, libéralement; discrète, discrètement; nette, nettement.

Les adjectifs terminés par *ant*, ou par *ent*, changent *ant* en *amment*, *ent* en *emment* :

Vigilant, *vigilamment* ; *prudent*, *prudemment* ; prononcez *amant*.

Il y a six sortes d'adverbes :

1°. Les adverbes de temps : *hier, aujourd'hui*, etc.

2°. Les adverbes d'ordre et de rang : *avant*, *après*, etc.

3°. Les adverbes de lieu : *ici, où, là, près*, etc.

4°. Les adverbes de quantité : *peu, beaucoup*, etc.

5°. Les adverbes de comparaison : *aussi, plus, davantage, moins*, etc.

6°. Les adverbes de qualité ou de manière : *grandement, poliment*, etc.

ADVERBES LATINS.

Dans la seconde déclinaison, les adverbes sont formés du cas génitif *i*, en changeant *i* en *è* grave :

Doctus, savant; génitif, *docti ; doctè*, savamment.

Dans la troisième déclinaison, ils sont formés du cas génitif *is*, en changeant *is* en *iter :*

Fortis, courageux; génitif, *fortis ; fortiter*, courageusement.

Dans les adjectifs terminés par *ans, antis, ens, entis*, l'adverbe se forme en changeant les désinences *ans* en *anter*, et *ens* en *enter :*

Constans, constant; *constanter*, constamment.
Diligens, diligent; *diligenter*, diligemment.

VII. DE LA PRÉPOSITION.

La *préposition* est un mot invariable placé devant un nom, un pronom, ou un verbe qu'elle régit :

En, dans, chez, sur, pour, devant, après, de, à, par, sans, etc.

Répétition des prépositions.

On doit répéter les prépositions avant les mots qui signifient des choses tout-à-fait différentes; mais on ne les répète pas avant les mots qui signifient à peu près la même chose :

Marie Caroline est une princesse qui se fait chérir de tout le monde, par son amabilité, par ses grâces, par son enjouement, par sa douceur, par ses manières prévenantes, et par son vif empressement à secourir les malheureux.

M. de Turenne ne passa pas ses jeunes années dans la mollesse et la volupté.

Je suis venu pour vous inviter à dîner, et pour vous prier de pincer la harpe à mon concert.

Emploi des prépositions près de, prêt à, près de, auprès de.

Près veut *de*, signifiant *sur le point de* (*jam jam,* avec le futur en *rus, ra, rum*) :

19

Votre épouse est près d'accoucher (sur le point d'accoucher).

Prêt veut *à*, quand il signifie *disposé à* (*paratus ad*, avec le gérondif en *dum*) :

Je suis prêt à faire tout ce que vous désirerez (disposé à faire).

Près de exprime une idée de proximité, est opposé à *loin de* :

Près de l'église et loin de Dieu.

Auprès de, exprime une idée d'entour, de liaison, d'assiduité :

Je vois auprès de moi, c'est-à-dire, *autour de moi, des amis sincères*

Qu'ils sont heureux, ceux qui ont l'avantage d'être auprès de notre Monarque chéri!

Auprès de emporte aussi une idée de comparaison :

Cette femme est jolie ; mais sa beauté n'est rien auprès de celle de votre cousine.

PRÉPOSITIONS LATINES.

Régime des prépositions.

Trente prépositions régissent l'accusatif :

1re. *Ad*, à, au, chez, vers, auprès de, pour.

2e. *Adversùm* ou *adversùs*, contre, vis-à-vis, envers.

3e. *Antè*, devant, avant.

4e. *Apud*, auprès de, chez.

5e. *Circà*, auprès de, environ, vers, aux environs de.

6e. *Circiter*, environ, vers, sur, à peu près.

7e. *Circùm*, autour de, auprès de.

8e. *Cis, citrà*, deçà, en-deçà, au-deçà.

9e. *Contrà*, contre, vis-à-vis de, à l'opposite.

10e. *Ergà*, envers, à l'égard de, pour.

11e. *Extrà*, hors, outre, excepté.

12e. *Infrà*, sous, au-dessous de.

13e. *Inter*, entre, parmi, au milieu de; cette préposition se met bien après son régime, surtout si elle peut être entre deux accusatifs : *quid discriminis patrem inter et matrem?* quelle différence entre le père et la mère ?

14e. *Intrà*, dans, au-dedans, dans l'espace de.

15e. *Juxtà*, auprès de, proche, selon.

16e. *Ob*, pour, devant, à cause de.

17e. *Penès*, au pouvoir de, en la puissance de.

18e. *Per*, par, durant, au travers de, pendant.

19e. *Ponè*, auprès, derrière, par derrière.

20e. *Post*, après, depuis, derrière.

21e. *Præter*, excepté, hormis, outre.

22e. *Propè*, proche, près de, auprès de.

23e. *Propter*, pour, à cause de.

24e. *Secundùm*, selon, suivant, auprès de, le long de.

25e. *Secùs*, auprès de, le long de.

26e. *Suprà*, sur, au-dessus de.

27°. *Trans,* au-delà, par-delà.

28°. *Versùs,* vers, du côté de (cette préposition se met après son régime), *ad Alpes versùs,* vers les Alpes.

29°. *Ultrà,* au-delà, par-delà.

30°. *Usque,* jusqu'à.

Les onze prépositions suivantes veulent l'ablatif :

1re. *A, ab, abs,* de, du, par, depuis, de, chez; *à* se met devant les consonnes, et *ab* devant les voyelles.

2°. *Absque,* sans.

3°. *Clàm,* en cachette, à l'insu de.

4°. *Coràm,* devant, en présence de.

5°. *Cùm,* avec. Mettez toujours cette préposition après les pronoms relatifs et interrogatifs *qui-cum* ou *quocum, quibuscum* avec qui; *nobiscum,* avec nous, etc.

6°. *De,* sur, de, touchant.

7°. *E* ou *ex,* de, par, conformément à, selon.

8°. *Palàm,* devant, en présence de plusieurs.

9°. *Præ,* devant, au-dessus, en comparaison de.

10°. *Pro,* pour, au lieu de, selon.

11°. *Sine,* sans.

Les quatre prépositions suivantes veulent l'accusatif, lorsqu'elles sont jointes à un verbe de mouvement, et l'ablatif, lorsqu'elles sont jointes à un verbe de repos :

In, en, dedans, sur.
Sub, sous, au-dessous de.
Subter, sous, au-dessous de.
Super, sur, dessus, au-dessus de.

On trouve quelquefois l'accusatif après ces prépositions, et surtout après *in*, lorsqu'il n'y a pas de mouvement; comme on trouve aussi l'ablatif lorsque la phrase marque un mouvement :

Esse in magnum honorem, être en grand honneur; *venit in senatu*, il vint au sénat.

VIII. DE LA CONJONCTION.

La *conjonction* est un mot invariable qui sert à lier ensemble les divers membres d'une phrase, et les parties du discours :

Et, ni, puisque, quoique, or, donc, mais, afin que, quand, ainsi, car, etc.

La plupart des conjonctions régissent les temps de l'indicatif; mais celles qui suivent, régissent les temps du subjonctif :

Avant que, afin que, à moins que, au cas que, en cas que, de peur que, bien que, encore que, quoique, de crainte que, jusqu'à ce que, posé que, supposé que, pour que, pourvu que, sans que, soit que, quelque.... que, etc.

CONJONCTIONS LATINES.

Et, ac, atque, que, et; (*que* se met après un mot).

Præterèà, outre cela; *non modò, sed etiam, non solùm, verùm etiam,* non seulement, mais encore; *aut, ve, vel,* ou, ou bien; (*ve* ne se met qu'après un mot); *quòd, quia, proptereà quòd, quoniam,* parce que; *sive, seu,* soit que, etc.

Les dictionnaires marquent exactement les conjonctions qui régissent l'indicatif ou le subjonctif.

IX. DE L'INTERJECTION.

L'*interjection* est un mot invariable dont on se sert pour exprimer les divers mouvemens de l'âme, causés par la joie, par la douleur, par la crainte ou par la surprise :

Ah ! hélas ! marquent la douleur :
> *Ah! que je souffre!*
> *Hélas! que je vous plains!*

Ha ! ha ! bah ! expriment la surprise, l'étonnement:
> *Ha! ha! vous voilà!*
> *Bah! cela vous est arrivé!*

Eh ! oh ! marquent l'admiration, la surprise :
> *Eh! n'êtes-vous pas frappé du coloris de ce tableau !*
> *Oh! que c'est beau!*

hé! ho! servent à appeler et à témoigner de la commisération :

Hé! ho! viens-çà que je te parle!

Hé! pauvre malheureuse, que je vous plains!

O, avec l'accent circonflexe, s'emploie lorsqu'on adresse la parole aux personnes, ou aux êtres inanimés :

O Fénélon! ô grand homme!

O siècle! ô temps! ô mœurs!

O suprême bonheur de faire des heureux!

INTERJECTIONS LATINES.

Pour marquer	la joie :	*O! evax!*	ho! ha!
	la douleur : .	*Hei! heu!*	ah! hélas! ah! ah
	l'indignation :	*Pro! heu!*	ô! oh! ah!
	l'admiration :	*Papæ! hui!*	ô, ah! oh! ho!
Pour menacer :		*Hei! væ!*	malheur à!
Pour appeler :		*Eho! ehodum! heus!*	eh! ho!

FIN DE LA PREMIÈRE PARTIE.

GRAMMAIRE LATINE

DÉMONSTRATIVE.

DEUXIÈME PARTIE.

SYNTAXE LATINE.

GRAMMAIRE LATINE

DÉMONSTRATIVE,

COMPARÉE PAR ANALOGIE

AVEC LE FRANÇAIS.

DE LA SYNTAXE.

LA *syntaxe* est l'arrangement des diverses parties du discours, la construction des mots et des phrases, selon les règles de la Grammaire.

SYNTAXE DES NOMS.

Deux ou plusieurs noms substantifs joints ensemble, et appartenans à une même chose, se mettent au nominatif :

Aristote, homme grec et philosophe, *Aristoteles, homo græcus et philosophus.*

De, *entre deux substantifs.*

Lorsque *de* se trouve entre deux noms substantifs, et qu'il peut se tourner par *qui est* ou *qui s'appelle*, les deux noms substantifs se mettent au même cas ; mais lorsque *de* ne peut se tourner de

cette manière, on met le second substantif au génitif :

La ville de Langres, *urbs Ligona ;* c'est-à-dire,
qui s'appelle Langres.

L'étude de la philosophie, *studium philosophiæ.*

N. B. Souvent du génitif français, on fait un
adjectif latin, qu'on fait accorder avec son substantif, en genre, en nombre et en cas :

La république de Vénise, *respublica Veneta.*
La bonté de Dieu, *bonitas divina.*
Une statue d'argent, *statua argentea.*
Une couronne de roses, *corona rosea.*

De, *entre un substantif de chose inanimée, et un verbe à l'infinitif.*

De, entre un substantif de chose inanimée et
un verbe à l'infinitif, se rend par le gérondif en *di ;*
mais si le verbe français a un régime direct, et que
le verbe latin régisse l'accusatif, au lieu du gérondif, il est plus élégant d'employer le participe en
dus, da, dum, que l'on met au génitif, en le
faisant accorder avec le substantif, en genre, en
nombre et en cas :

Le temps de prier, *tempus orandi.*
Le temps de lire l'histoire, *tempus legendæ
historiæ.*

N. B. Quand le verbe n'a pas de gérondif, le
de s'exprime par *ut, ne, quod,* ou *cur* avec le

subjonctif, en observant de quel verbe est dérivé le substantif qui précède le *de :*

Il a une grande joie d'être avec moi, *summâ perfunditur lætitiâ quòd mecum sit.*

De, entre deux verbes, ou entre un adjectif et un verbe.

De, entre deux verbes, ou entre un adjectif et un verbe, régit le second à l'infinitif :

J'ai résolu d'écrire, *statui scribere.*

Il est utile d'étudier, *utile est studere.*

MANIÈRE D'EXPRIMER LES DIVERSES ESPÈCES DE NOMS QUI SE METTENT A DIFFÉRENS CAS.

1°. *Noms d'instrument, de cause ou de manière.*

Les noms qui marquent l'instrument dont on se sert pour faire une chose, la cause pour laquelle on la fait, la manière dont elle se fait, se mettent à l'ablatif :

Frapper de l'épée, *ferire gladio.*

Il mourut de faim, *fame interiit.*

Je vous surpasse en diligence, *te supero diligentiâ.*

2°. *Noms de prix, de valeur.*

Les noms qui marquent le prix, la valeur de quelque chose, se mettent à l'ablatif :

Vendre à trop grand prix, *vendere majori pretio.*

3°. *Noms de temps.*

1°. Quand on veut marquer l'époque où une chose s'est faite ou se fera, le nom de temps se met à l'ablatif sans préposition :

Je suis sorti à cinq heures du matin, *exivi quintâ horâ matutinâ.*

2°. Quand on veut marquer combien de temps une chose a duré ou durera, le nom de temps se met à l'accusatif ou à l'ablatif, sans préposition :

Il a régné trois ans, *regnavit tres annos*, ou *tribus annis.*

3°. Quand on veut marquer depuis quel temps une chose se fait ou se fera, le nom de temps se met à l'accusatif :

Il y a plusieurs années que je suis lié avec votre frère, *multos annos utor familiariter tuo fratre.*

4°. Quand on parle d'un temps passé qui ne dure plus, on met le nom de temps à l'accusatif, ou à l'ablatif avec la préposition *abhinc :*

Il y a douze ans que votre mère est morte, *tres abhinc annos*, ou *tribus abhinc annis mortua est tua mater.*

Dans, suivi d'un nom de temps, s'exprime par *post* avec l'accusatif, quand il peut se tourner par *après :*

Je partirai dans trois jours, *post tres dies proficiscar.*

4°. *Noms de matière.*

Le nom qui exprime la matière dont une chose est faite, se met à l'ablatif avec *e* ou *ex* :

Une colonne de marbre blanc, *columna ex marmore candido.*

5°. *Noms de mesure, de distance et d'espace.*

Le nom de mesure, de distance et d'espace, se met à l'accusatif ou à l'ablatif, sans préposition :

Un arbre gros de quatre pieds, *arbor crassa quatuor pedes*, ou *quatuor pedibus.*

Il est éloigné de vingt pas, *abest* ou *distat viginti passsibus.*

Si le nom de mesure est précédé d'un comparatif, il se met toujours à l'ablatif :

Ce bois est plus long que cet autre, de deux pieds, *hoc lignum isto altero longius est duobus pedibus.*

6°. *Noms de blâme* ou *de louange.*

Le nom qui exprime le blâme ou la louange, se met au génitif ou à l'ablatif :

Un enfant d'un bon naturel, *puer egregiæ indolis*, ou *egregiá indole.*

N. B. Quand le verbe *sum* se rencontre avec le nom de blâme ou de louange, on se sert le plus souvent du génitif :

Il n'a point de cœur, *est nullius animi.*

C'est un homme d'une rare doctrine, *est vir singularis doctrinæ*.

SYNTAXE DES ADJECTIFS.

Accord de l'adjectif avec le substantif.

L'adjectif s'accorde avec le substantif, en genre, en nombre et en cas :

Dieu juste, *Deus justus*; la récompense promise, *merces promissa*; le danger grand, *periculum magnum*.

Accord de l'adjectif avec des substantifs animés, et de différent genre.

L'adjectif ayant rapport à plusieurs substantifs animés et de différent genre, se met au pluriel, et s'accorde avec le genre le plus noble :

Le père et la mère pieux, *pater et mater pii*.

Accord de l'adjectif avec des substantifs inanimés et de différent genre.

Lorsque les substantifs ont rapport à des choses inanimées, et de différent genre, l'adjectif se met au neutre pluriel :

Les richesses, la gloire, l'honneur, placés devant les yeux, *divitiæ, gloria, decus ante oculos sita*.

L'adjectif sans substantif, suivi d'un verbe à l'infinitif, se met au neutre :

Il est glorieux de vaincre, *ou* c'est une chose glorieuse que de vaincre ses passions, *gloriosum est cupiditates suas coercere.*

RÉGIME DES ADJECTIFS.

1°. *Adjectifs qui régissent le génitif.*

Les adjectifs *avidus*, avide ; *cupidus*, désireux ; *studiosus*, qui a du goût pour une chose ; *peritus*, habile dans une chose ; *expers*, qui manque ; *patiens*, qui souffre ; *rudis*, qui ne sait pas ; *memor*, qui se souvient ; *plenus*, plein ; régissent le génitif.

Habile dans la musique, *peritus musicæ ;* avide de louanges, *avidus laudum ;* passionné pour la gloire, *gloriæ studiosus ;* etc. etc.

Lorsque ces adjectifs sont suivis d'un infinitif, on met cet infinitif au gérondif en *di :*

Il est curieux de voir votre jardin, *est cupidus videndi tuum hortum ;* mieux, *videndi tui horti,* en le faisant accorder avec le substantif.

2°. *Adjectifs qui régissent le génitif ou le datif.*

Similis, semblable ; *par* ou *æqualis*, égal ; *affinis*, allié ; régissent le génitif ou le datif :

Semblable à sa sœur, *similis sororis ,* ou *sorori.*

Allié à votre oncle, *tui avunculi*, ou *tuo avunculo affinis*.

3°. *Adjectifs qui régissent le datif seulement.*

Les adjectifs suivans régissent le datif seulement :

Utilis, utile à; *commodus*, avantageux à; *infensus, iratus*, irrité contre; *assuetus*, accoutumé à; *aptus, idoneus*, propre à.

Il est en colère, il est irrité contre vous, *tibi est iratus*, ou *infensus*.

Une terre propre pour les vignes, *ager vitibus aptus*, etc. etc.

N. B. Quand ces adjectifs sont suivis d'un infinitif, on met cet infinitif au gérondif en *do*, ou mieux, au participe en *dus, da, dum*, que l'on fait accorder avec le substantif :

Je suis accoutumé à supporter le travail, *sum assuetus tolerando laborem*; mieux, *tolerando labori*.

4°. *Adjectifs qui régissent l'accusatif avec* ad.

Natus, né pour; *pronus, propensus, proclivis*, porté à; *paratus*, prêt à, ou disposé à; et tous les adjectifs qui marquent un penchant ou une inclination à quelque chose, régissent l'accusatif avec *ad* :

Porté à la douceur, *propensus ad lenitatem.*

Né pour de plus grandes choses, *ad majora natus.*

N. B. Quand ces adjectifs sont suivis d'un infinitif, on met cet infinitif au gérondif en *dum* :

Porté à jouer, *propensus ad ludendum.*

Je suis prêt, ou disposé à partir, *sum paratus ad proficiscendum.*

5°. *Adjectifs qui régissent l'accusatif sans préposition.*

Les adjectifs en *bundus*, qui viennent des verbes qui gouvernent l'accusatif, régissent l'accusatif sans préposition :

Ravageant les campagnes, *populabundus agros.*

6°. *Adjectifs qui régissent l'ablatif.*

Dignus, digne de; *contentus*, content de; *cumulatus*, comblé de; *ornatus*, orné de; *præditus*, doué de; *onustus*, chargé de; *confectus*, accablé de, etc.; régissent l'ablatif :

Cassé de vieillesse, *confectus ætate.*

Doué d'une rare vertu, *singulari virtute præditus*, etc.

7°. *Adjectifs qui régissent le supin en* u.

Après les adjectifs admirable à, *mirabilis;* facile à, *facilis;* difficile à, *difficilis*, l'infinitif se rend en latin par le supin *u* ·

Facile à entendre, *facilis auditu.*

Chose admirable à voir, *res visu mirabilis*, ou *mirabile visu*.

Quand le verbe n'a point de supin, il faut rendre le sujet de la phrase régime, et substituer la préposition *de* à celle de *à* :

Ma leçon est difficile à étudier ; tournez : il est difficile d'étudier ma leçon, *difficile est studere meæ lectioni*.

SYNTAXE DES COMPARATIFS ET DES SUPERLATIFS.

Diverses manières dont s'exprime le que *après le comparatif.*

Le *que* après le comparatif, se retranche, et le substantif qui suit se met à l'ablatif, ou bien s'exprime par *quàm*, et le substantif qui est après, se met au même cas que celui qui est devant :

Le renard est plus rusé que le loup, *vulpes callidior est lupo*, ou *quàm lupus*.

Quand, après le comparatif, le *que* est suivi d'un adjectif ou d'un adverbe, cet adjectif ou cet adverbe se met également au comparatif, et au même cas que le premier :

Un homme plus malheureux que coupable, *homo infelicior quàm nocentior*.

Ils envoyèrent un général plus hardi qu'habile, *miserunt ducem audaciorem quàm peritiorem*.

Quand le comparatif est précédé d'un adverbe de quantité, cet adverbe a pour désinence un *ò* grave :

Un homme beaucoup plus malheureux que coupable, *homo multò infelicior quàm nocentior.*

Quand l'adjectif n'a pas de comparatif, on exprime *plus* par *magis*, et le *que* s'exprime par *quàm*, avec le même cas qu'auparavant :

Je suis plus nécessaire que vous, *sum magis necessarius quàm tu.*

Quand, après le comparatif, le *que* est suivi de *ne*, on n'exprime point le *ne :*

Il a été plus long-temps absent que je ne l'aurais cru, *diutiùs abfuit quàm credidissem.*

Superlatif suivi de du, de la, des, *ou de* que.

Le superlatif suivi de *du, de la, dès*, veut le nom qui le suit au génitif, ou à l'ablatif avec *ex*; ou à l'accusatif avec *inter :*

Le plus sage des hommes, *sapientissimus hominum, ex hominibus*, ou *inter homines.*

N. B. 1°. Le superlatif prend toujours le genre du nom pluriel qui le suit :

Le plus haut des arbres, *altissima arborum*, et non pas *altissimus*, parce que *arborum* est du féminin.

2°. Quand le nom qui suit le superlatif est au

singulier, le superlatif ne s'accorde pas en genre avec ce nom, et alors, il régit le génitif :

Le plus éloquent de la ville, *eloquentissimus urbis.*

3°. Quand le superlatif n'a pas de relation avec un nom substantif, et qu'on ne parle que de deux choses, il faut se servir du comparatif, au lieu du superlatif, et mettre le nom qui suit au génitif :

A la plus grande gloire de Dieu, *ad majorem Dei gloriam.*

Le moins diligent des deux frères, *amborum fratrum minùs diligens.*

4°. Les noms de nombre cardinaux, et les pronoms indéfinis ou indéterminés, régissent le même cas que le superlatif :

Un de mes amis, *unus meorum amicorum, ex meis amicis,* ou *inter meos amicos.*

Qui de nous? *quis nostrûm? ex nobis?* ou *inter nos ?*

5°. Le *plus* suivi d'un nom substantif au génitif singulier, et d'un *que,* s'exprime par *quàm plurimùm* avec le génitif; ou par *quàm plurimus, a, um;* ou par *quàm maximus, a, um,* qu'on fait accorder avec le substantif; et par *quàm plurimi, æ, a,* devant un génitif pluriel d'une chose qui se compte :

Il a fait paraître le plus de prudence qu'il a pu, *præ se tulit quàm plurimùm potuit prudentiæ,* ou *quàm maximam potuit prudentiam.*

Il a donné le plus de leçons qu'il a pu, *dedit quàm plurimas potuit lectiones.*

6°. Quand le superlatif est suivi de *que*, le *que* se tourne par *lequel, laquelle*, etc. et s'exprime par *qui, quæ, quod*, qui se met au cas du verbe :

Vous êtes les plus savans que je connaisse, *estis doctissimi quos noverim.*

7°. Quand le superlatif est adverbe, le *que* s'exprime par *quàm*, et se met devant le superlatif :

Le plus souvent que je pourrai, *quàm sæpissimè potero.*

Plus, davantage. — *Diverses manières dont ils s'expriment.*

1°. *Plus*, avec une chose qui se compte, s'exprime par *plures*, masculin et féminin ; *plura*, neutre ; et le *que* par *quàm* :

Plus de vertus que de vices, *plures virtutes quàm vitia.*

2°. Avec une chose qui ne se compte pas, il s'exprime par *plus* avec le génitif, ou par *major, majus*, qu'on fait accorder avec le substantif, si on peut tourner *plus* par *plus grand*, et le *que* par *quàm :*

Plus de vin que d'eau, *plus vini quàm aquæ.*

Plus de sagesse, *plus sapientiæ*, ou *major sapientia*, pouvant dire une plus grande sagesse.

3°. Avec un adjectif, il s'exprime par *magis*, et le *que* par *quàm* :

Il est plus pieux que vous, *est magis pius quàm tu*.

4°. Avec un verbe ordinaire, il s'exprime aussi par *magis*, et le *que* par *quàm* :

Je loue plus la piété que la valeur, *laudo magis pietatem quàm fortitudinem*.

5°. Avec un verbe de prix ou d'estime, il s'exprime par *pluris ;* et par *pejus*, devant les verbes *odi*, *odisse*, haïr; *fugere*, fuir; et le *que* s'exprime par *quàm* :

J'estime plus la science que les richesses, *pluris facio scientiam quàm divitias*.

Je ne hais rien plus que le mensonge, *nihil pejus odi quàm mendacium*.

6°. Avec des verbes de plusieurs sortes, il s'exprime par *magis* et *pluris* selon les verbes :

Je loue et j'estime plus la piété que la valeur, c'est-à-dire, je loue plus et j'estime plus la piété que la valeur, *laudo magis, et æstimo pluris pietatem quàm fortitudinem*.

7°. Pouvant se tourner par *davantage*, il s'exprime par *ampliùs* :

Je ne veux plus manger, ou je ne veux point manger davantage, *nolo ampliùs edere*.

Moins. — *Diverses manières dont il s'exprime.*

1°. *Moins*, avec une chose qui se compte, s'exprime par *pauciores*, masculin, féminin ; *pauciora*, neutre :

Moins de boutons que de feuilles, *pauciores gemmæ quàm folia.*

2°. Avec une chose qui ne se compte pas, il s'exprime par *minùs* avec le génitif, ou par *minor, minoris*, qu'on fait accorder avec le substantif, en genre, en nombre et en cas :

Moins de vertu que de science, *minùs virtutis quàm scientiæ*, ou *minor virtus quàm scientia.*

3°. Avec un verbe ordinaire, il s'exprime par *minùs*, et le *que* par *quàm* :

Je l'aime moins que sa sœur, *illam minùs amo quàm ejus sororem.*

4°. Avec un verbe de prix ou d'estime, il s'exprime par *minoris*, et le *que* par *quàm* :

Je l'estime moins que sa sœur, *illam minoris facio quàm ejus sororem.*

5°. Avec des verbes de plusieurs sortes, il s'exprime par *minùs* et par *minoris*, selon les verbes :

Je loue et j'estime moins la valeur que la prudence ; c'est-à-dire, je loue moins et j'estime moins la valeur que la prudence, *laudo minùs et æstimo minoris fortitudinem quàm prudentiam.*

Plus, moins, *repétés,*

Sont la même chose que d'*autant plus*, d'*autant moins ;* on met *quò* ou *quantò* devant le premier *plus* ou *moins ; eò* ou *tantò* devant le second, en exprimant toujours *plus* et *moins*, selon les mots auxquels ils se rapportent :

Plus il est savant, plus il est modeste, *quò doctior, eò modestior est.*

Plus l'avare amasse, plus il devient misérable, *quantò magis*, ou *quantò plura colligit avarus, tantò fit miserior.*

Moins un homme est sage, plus il est méprisé, *homo eò magis contemnitur, quò minùs est sapiens.*

Un homme est d'autant moins estimé, qu'il est moins sage, *homo eò minoris æstimatur, quò minùs est sapiens.*

Autant de, *suivi d'un nom de choses qui ne se comptent pas.*

Autant de, suivi d'un substantif singulier ou pluriel d'une chose qui ne se compte pas, s'exprime par *tantùm*, et le *que* par *quantùm*, ou par *tantus, a, um*, que l'on fait accorder avec le substantif, en genre, en nombre et en cas :

Autant de sagesse que de science, *tantùm sa-*

pientiæ quantùm scientiæ, ou *tanta sapientia quanta scientia.*

Autant de, *suivi d'un nom de choses qui se comptent.*

Autant de, suivi d'un nom de choses qui se comptent, s'exprime par *tot* ou *totidem*, et le *que* par *quot :*

Autant de boutons que de feuilles, *tot* ou *totidem gemmæ quot folia.*

Aussi, *devant un adjectif ou un adverbe.*

Aussi, devant un adjectif ou un adverbe, s'exprime par *tàm*, et le *que* par *quàm*, ou par *æquè*, ou *perindè*, et le *que* par *ac* ou *atque :*

Il est aussi pieux que sa sœur, *est tàm pius quàm ejus soror*, ou *est æquè*, ou *perindè pius ac*, ou *atque ejus soror.*

Si, *devant un adjectif ou un adverbe.*

Si, devant un adjectif ou un adverbe, s'exprime par *ita*, *tàm*, ou *adeò*, et le *que* qui suit s'exprime par *ut* avec le subjonctif :

Votre frère est si savant, que tout le monde l'admire, *tuus frater est ita*, *tàm* ou *adeò doctus*, *ut eum omnes admirentur.*

Votre cousin est si sage qu'il se concilie l'amitié

de tout le monde, *adeò sapiens est tuus conso-brinus, ut omnium amicitiam sibi conciliet.*

Autant, *devant un verbe.*

Autant, devant un verbe, s'exprime par *tantùm*, et le *que* par *quantùm* :

Je vous aime autant que vous m'aimez, *tantùm te amo, quantùm me amas.*

Autant, *devant un verbe de prix et d'estime.*

Autant, devant un verbe de prix et d'estime, s'exprime par *tanti*, et le *que* par *quanti* :

Je vous estime autant que vous m'estimez, *tanti te facio quanti me facis.*

Autant, *répété.*

Quand *autant* est répété, le premier tient lieu de *que*, et s'exprime par *quantùm, quot, quanti,* et le second par *tantùm, tot, tanti,* selon les mots auxquels ils sont joints :

Autant ce jeune homme avait de science, autant il avait de modestie, *quantùm doctrinæ in eo adolescente, tantùm modestiæ inerat.* Comme s'il y avait : ce jeune homme avait autant de modes-tie que de science.

Autant d'orateurs, autant de styles différens, *quot oratores, tot genera dicendi.*

Autant que, *devant un verbe.*

Autant que, devant un verbe, s'exprime par *quantùm* :

Autant que je puis prévoir, *quantùm prospicere possum.*

Autant que, signifiant *autant de temps que*, s'exprime par *quamdiù* :

J'attendrai autant que je pourrai, ou autant de temps que je pourrai, *expectabo quamdiù potero.*

Aussi, autant. — *Diverses manières dont s'expriment aussi, autant, à la fin d'une phrase.*

Ayant rapport :

1°. A un nom de choses qui ne se comptent pas, ils s'expriment par *tantùmdem.*

2°. A un nom de choses qui se comptent, par *totidem.*

3°. A un adjectif, par *item.*

4°. A un verbe ordinaire, par *tantùmdem.*

5°. A un verbe de prix ou d'estime, par *tantidem :*

Vous avez beaucoup de loisir, je n'en ai pas autant, *habes multùm otii, non habeo tantùmdem.*

J'ai beaucoup de livres, vous n'en avez pas autant, *sunt mihi libri benè multi, non sunt tibi totidem.*

Vous me ferez plaisir et à mon ami aussi, *pergratum mihi feceris, item meo amico.*

Tant de, *précédé d'une négation.*

Tant de, précédé d'une négation, se tourne par *autant*, et s'exprime de même :

Il n'a pas tant de science que d'orgueil; c'est-à-dire, autant de science que d'orgueil, *non inest in eo tantùm scientiæ quantùm superbiæ*, ou *tanto scientia quanta superbia*.

Il n'y a pas tant de riches que de pauvres, *non sunt tot divites quot pauperes*.

N. B. Lorsque *tant* ne peut pas se tourner par *autant*, le *que* suivant s'exprime toujours par *ut* avec le subjonctif :

Il a tant étudié, qu'il est tombé malade, *ita, tamdiù*, ou *tàm assiduè studuit, ut in morbum inciderit*.

Il a tant d'écus qu'il peut se dire riche, *tot nummos habet, ut dici locuples possit*.

J'estime tant la vertu, que je la préfère à tous les trésors, *tanti facio virtutem, ut eam thesauris omnibus anteponam*.

Tant, *devant un comparatif.*

Tant, devant un comparatif, s'exprime par *tantò :*
Tant pis, *tantò pejus ;* tant mieux, *tantò melius.*

Tant que, *signifiant* tandis que, tant de temps que.

Tant que, signifiant *tandis que, tant de temps que*, s'exprime par *dùm, donec, quamdiù :*

Tant que vous serez heureux, vous compterez beaucoup d'amis, *donec eris felix, multos amicos numerabis.*

Tant qu'il a vécu, *quamdiù vixit.*

NOMS DE NOMBRE.

Mille est indéclinable au singulier ; au pluriel, il se décline : *millia, millibus ;* on dit indifféremment au singulier *mille homines*, ou *mille hominum ;* au pluriel on dit plutôt *millia hominum :*

Deux, trois, quatre, annonçant, non le nombre, mais l'ordre et le rang, se traduisent par *secundus, tertius, quartus :*

L'an quatorze, *annus quartus decimus.*

Le deux, le trois du mois, *mensis dies secundus, tertius.*

L'an deux mille, *annus bis millesimus.*

N. B. Quand les noms de nombre cardinaux sont placés après les noms des empereurs, des rois, et des princes, on change les noms de nombre cardinaux en ordinaux :

Henri quatre, *Henricus quartus.*

Louis dix-huit, le désiré, *Ludovicus decimus octavus, desideratus.*

SYNTAXE DES PRONOMS.

Pronoms personnels.

Les pronoms personnels ne s'expriment pas ordinairement en latin ; on ne les exprime, que pour marquer quelque diversité d'action ou d'affection, ou pour donner plus de force à l'expression :

Je lis,   tu écoutes ; tu ris, je pleure.

Ego lego, tu audis ; tu rides, ego fleo.

Tu oses tenir ce langage ! *tu audes ista proloqui !*

Diverses manières dont s'exprime en latin on *ou* l'on.

On peut se rendre par *homines, quisque, omnes :*

On loue la probité : *homines laudant probitatem ; quisque laudat probitatem ; laudamus probitatem.*

On peut aussi tourner l'actif en passif ; alors ce qui était régime devient sujet ou nominatif du verbe :

On loue la probité, *probitas laudatur.*

Les latins emploient aussi la troisième personne du singulier du passif. Ce tour a même souvent lieu pour les verbes neutres :

On va, *itur ;* on est venu, *ventum est ;* on se lève, *consurgitur ;* on pleure, *fletur.*

On, devant les verbes impersonnels *pœnitet, pudet, tædet, miseret, piget,* se rend par *homines :*

On a honte de mentir, *homines pudet mentiri.*

Quand le verbe qui suit *on* est accompagné d'une négation, il faut tourner *on ne* par *personne ne*, et l'exprimer par *nemo :*

On ne peut être heureux sans la vertu, *nemo sine virtute potest esse beatus.*

Si l'on, se tourne par *si quelqu'un*, il s'exprime par *si quis :*

Si l'on vous demande, *si quis te interroget.*

On voit, on trouve des gens qui s'expriment par *videas, reperias qui.... videre est, reperire est qui...* et le verbe suivant se met au subjonctif :

On voit des gens qui aspirent aux honneurs, *videas*, ou *videre est homines qui honores appetant.*

N. B. 1°. En français, on régit l'adjectif au féminin, quand il a rapport à une femme.

Mademoiselle, madame, on est toujours belle et intéressante quand on est parée des charmes de la candeur et de la modestie.

2°. *On* est précédé de la lettre euphonique *l*, quand il y a avant *on* un des mots *et, si, où*, ou quand *on* est suivi d'un *j* ou d'un *c* qui a le son de *q :*

Et l'on me dira si l'on ira demain à la campagne, et où l'on dînera.

On apprend beaucoup plus facilement les choses que l'on comprend, que celles que l'on ne comprend pas.

On amènera l'accusé que l'on questionnera.

On n'est jamais suivi de la lettre euphonique *l*, quand il est suivi d'un mot commençant par la lettre *l* :

Si on le trouve on le lui remettra, ou on le lui enverra.

PRONOMS CONJONCTIFS.

Les pronoms conjonctifs *me*, *te*, *se*, *nous*, *vous*, *le*, *la*, *les*, *y*, *leur*, se mettent en latin au cas que régit directement ou indirectement le verbe :

Il me voit, *videt me;* elle vous a donné, *dedit tibi.*

Nous leur avons envoyé de l'argent, *illis misimus*, ou *ad illos misimus pecuniam.*

N. B. 1°. *Le*, n'ayant rapport à aucun nom, et pouvant se tourner par *cela*, s'exprime par *hoc*, *id*, ou *illud* :

Je ne le ferai pas, *hoc non agam.*

2°. *En*, pouvant se tourner par *de lui*, *d'elle*, *d'eux*, ou *d'elles*, se met au cas que régit le nom, l'adjectif ou le verbe :

J'ai lu votre discours, j'en ai admiré les beautés, *perlegi tuam orationem, et illius veneres miratus sum.*

J'en suis bien contente, *illâ sum benè contenta.*

3°. Dans les verbes réfléchis, le pronom conjonctif *se*, s'exprime par *sui*, *sibi*, *se*, et se met au cas du verbe ; mais dans les verbes réciproques, on ajoute à ce pronom l'adverbe *invicem* (réciproquement), à moins qu'il ne soit régi par une préposition :

Votre cousin se loue trop, *tuus consobrinus nimis se laudat.*

Votre frère et votre sœur se félicitent, *tuus frater et tua soror sibi invicem gratulantur.*

Paul et Jean se battent, *Paulus et Joannes inter se pugnant.*

4°. Quand le pronom *se* a rapport à un nominatif de chose animée ou inanimée, qui ne fait pas sur elle-même l'action marquée par le verbe, on tourne ce verbe par le passif :

Ce mot se trouve dans Cicéron, c'est-à-dire, est trouvé ; *vox illa invenitur apud Tullium.*

Sont exceptées de cette règle les trois phrases suivantes :

Si la chose se passe ainsi, *si res ita se habeat.*

Le poison se glisse dans les veines, *venenum in venas sese insinuat.*

Si l'occasion se présente, *si se dederit occasio.*

PRONOMS POSSESSIFS.

Son, sa, ses, leur, leurs.

1°. Ces pronoms se rendent par *suus, a, um,*

toutes les fois que l'objet possesseur est dans la même proposition que l'objet possédé :

Un chien vit son image dans le miroir des eaux, *Canis lympharum in speculo vidit simulacrum suum* (Phèdre).

J'écris à mon ami, pour qu'il vous confie son affaire, *scribo ad amicum, ut tibi negotium suum committat* (Cicéron).

2°. Ces pronoms se rendent encore par *suus, a, um*, quand l'objet possesseur se trouve dans une proposition corrélative, et qu'il est le nominatif de la phrase :

Romulus avait défendu qu'on franchît son retranchement, *vetuerat Romulus, ne suum transiretur vallum*.

Romulus ne se trouve pas dans la même proposition que le mot retranchement ; mais il est dans la proposition corrélative, et il est le nominatif de la phrase.

3°. Dans tous les autres cas, *son, sa, ses*, se rendent par *ejus*, ou *illius*, et *leur, leurs*, par *eorum, earum* :

Le sage a toujours méprisé l'orgueilleux et son orgueil, *sapiens semper contempsit superbum, et ejus superbiam*.

Les parents aiment leurs enfants ; mais ils détestent leurs vices, *parentes amant suos liberos, at eorum vitia detestantur*.

4°. Lorsque l'objet possesseur est désigné par les

pronoms *le*, *la*, *les*, ou même par un substantif qui n'est pas le nominatif de la phrase, *suus*; *a*, *um*, se placent devant ce pronom et ce substantif :

Ses qualités le rendent recommandable, *suæ eum dotes commendant.*

L'enfant que sa sagesse rend recommandable, *puer quem sua commendat sapientia.*

Je lui ai rendu son argent, *suam ei pecuniam reddidi.*

N. B. Suus, *sua*, *suum*, se mettent également devant *quisque* :

Chacun prend son plaisir comme il le juge à propos, *trahit sua quemque voluptas.*

La justice rend à chacun ce qui lui appartient, *suum cuique reddit justitia.*

N. B. En français, on se sert de *son*, *sa*, *ses*, *leur*, *leurs*, devant les choses inanimées, quand ces pronoms sont régis par le même verbe, et que le nom de cette chose inanimée se trouve exprimé dans la même proposition (*suus*, *a*, *um*); mais quand ces pronoms ne sont pas régis par le même verbe, ou que le nom de la chose inanimée ne se trouve pas exprimé dans la même proposition, on se sert de *en*, au lieu de *son*, *sa*, *ses*, (*ejus* ou *illius*) :

Cet abricotier a perdu ses feuilles, *illa armeniaca sua perdidit folia.*

Rome est une très-belle ville; les monumens en sont magnifiques, et non pas ses monumens, etc.

Roma est urbs pulcherrima, illius monumenta sunt magnifica.

PRONOMS DÉMONSTRATIFS.

Celui-ci s'exprime par *hic*, et *celui-là* par *ille :*

Celui-ci était savant, celui-là ignorant; *hic erat doctus, ille ignarus.*

Celui des deux qui, s'exprime par *uter, a, um :*

Celui des deux qui voudra, *uter volet.*

Celui, celle, ou *ceux*, suivis d'un génitif tenant la place du nom qui précède, ne s'exprime point par *ille, illa, illud ;* mais alors il faut répéter le nom :

Les qualités de l'âme sont bien préférables à celles du corps, *animi dotes corporis dotibus longè præstant.*

N. B. 1°. *Ce*, suivi d'un temps du verbe *être*, *c'est, c'était, ce fut, ce sera, ce serait que*, ne s'exprime point, ainsi que le *que* qui suit les temps du verbe *être :*

Ce fut quand l'univers fut créé, que Dieu forma l'homme, *Deus formavit hominem, quandò orbis fuit creatus.*

C'est à moi de faire cela, *meum est hoc facere.*

2°. Dans ces façons de parler, *c'est ainsi que, c'est maintenant que, c'est en vain que*, et autres; le *c'est* et le *que* ne s'expriment point :

C'est ainsi que nous devons agir, *sic agere debemus ;* (c'est-à-dire, nous devons agir ainsi).

3°. *Ce n'est pas à dire pour cela que*, *est-ce à dire pour cela que*, *il ne s'en suit pas pour cela que*, s'expriment par *non ideò*, *non idcircò*, *non continuò*, *an ideò*, *an idcircò*, *an continuò* :

Quoique j'aie salué des méchans, ce n'est pas à dire pour cela que je sois méchant, *quamvis improbos salutaverim, non idcircò sum improbus.*

4°. *Ce n'est pas que*, s'exprime par *non quòd*, et *c'est que* par *sed quòd* :

Ce n'est pas que j'approuve, mais c'est que, *non quod approbem, sed quòd.*

5°. *Ce qui* ou *ce que*, suivi de *c'est* et d'un nom, ne s'exprime pas :

Ce qui me chagrine le plus, c'est la mort de mon ami; c'est-à-dire, la mort de mon ami me chagrine le plus, *mors amici mei potissimùm me sollicitat.*

Ce qui, ce que, s'expriment par *illud*, quand ils sont suivis de *c'est que* :

Ce qui me console, c'est que, *illud me solatur quòd.*

6°. *C'est*, devant un infinitif suivi de *que de*, se tourne par *celui qui*, et s'exprime par *qui*, ou par *quicumque* :

C'est se tromper que de croire; c'est-à-dire, celui qui croit se trompe, *errat qui putat.*

PRONOMS RELATIFS.

Qui *relatif.* — *Diverses manières dont il s'exprime.*

Le *qui* relatif, *qui*, *quæ*, *quod*, s'accorde en genre et en nombre avec le nom ou le pronom qui précède (antécédent) :

Les filles qui sont sages et modestes, *filiæ quæ sunt sapientes et modestæ.*

Le temple qui a été bâti, *templum quod fuit ædificatum.*

Lorsque le verbe latin régit à un autre cas le nom qui est au nominatif en français, alors il faut mettre le *qui* relatif, au cas que régit le verbe :

Les gens de bien qui ont compassion de mes maux, *viri boni quos miseret laborum meorum.*

Le maître qui a intérêt, *magister cujus interest.*

N. B. Quand *qui* peut se tourner par *celui que,* on le met au cas que régit le verbe précédent :

Envoyez qui vous voudrez, *mitte quem voles.*

Le *qui* devant *satisfieri*, être satisfait; *persuasum esse*, être persuadé; *opus esse*, avoir besoin; *animus esse*, avoir intention; se met au datif :

Le père qui n'est pas satisfait de son fils, *pater cui non fit satis filio suo.*

Les juges qui étaient persuadés, *judices quibus persuasum erat.*

L'homme qui a besoin, *homo cui opus est.*

Mon père qui avait résolu, *pater cui animus erat.*

Dont, ou *de qui.*

1°. Quand *dont* est régi par un nom, il se met au génitif :

L'homme dont j'estime la vertu, *vir cujus æstimo virtutem.*

2°. Quand *dont* est régi par un adjectif, il se met au cas de l'adjectif :

La récompense dont vous êtes digne, *merces quâ dignus es.*

N. B. Les adjectifs suivans régissent le pronom relatif *dont* à l'ablatif :

Præditus, doué de ; *dignus*, digne de ; *contentus*, content de ; *cumulatus*, comblé de ; *ornatus*, orné de ; *onustus*, chargé de ; *confectus*, accablé de.

Les belles qualités dont vous êtes orné, *eximiæ dotes quibus es ornatus.*

Les honneurs dont vous êtes digne, *honores quibus es dignus.*

L'enfant dont vous êtes content, *puer quo es contentus.*

Les faveurs dont nous sommes comblés, *gratiæ quibus sumus cumulati.*

Le poids dont je suis chargé, *pondus quo sum onustus.*

24

La vieillesse dont vous êtes accablé, *senectus quá es confectus.*

3°. Quand *dont* est régi par un verbe, il se met au cas du verbe :

Les savans dont je parle, *docti de quibus loquor.*

Le livre dont je me sers, *liber quo utor.*

N. B. Dont ou *de qui*, suivi d'un verbe qui régit l'ablatif avec *à* ou *ab*, *è* ou *ex*, s'exprime élégamment par *undè*, quel que soit le substantif qui précède :

Celui de qui vous l'avez appris, *is undè accepisti.*

Qui, *interrogatif.*

Le *qui* interrogatif s'exprime par *quis*, ou *quisnam*, et le nom qui suit se met au génitif ou à l'ablatif, avec *è* ou *ex ;* ou à l'accusatif, avec *inter :*

Qui de vous ? *quis vestrûm, ex vobis*, ou *inter vos.*

Qui des deux, ou *lequel des deux*, s'exprime par *uter ;* on met *ne* après le premier, et *an* devant le second ; et le superlatif se met au comparatif :

Lequel des deux est plus savant de vous ou de votre frère ? *uter est doctior, tu ne, an frater ?*

Que, *relatif.*

Le *que* relatif se met au cas que régit le verbe

suivant, et s'accorde en genre et en nombre avec le substantif qui précède le verbe :

Les femmes que je connais, *mulieres quas cognosco.*

La langue latine que j'étudie, *lingua latina cui studeo.*

Les injures que j'ai oubliées, *injuriæ quarum sum oblitus.*

Que, *conjonctif;* que *ou* de, *précédé des verbes qui expriment la certitude, l'espoir, la promesse, la menace, le souvenir.*

Le *que* ou *de*, précédé des verbes qui expriment la certitude, l'espoir, la promesse, etc., se retranche ; le nom ou le pronom qui suit le verbe, se met à l'accusatif, et le verbe suivant se met aux mêmes temps de l'infinitif, qu'il était à ceux de l'indicatif :

Je crois que vous aimez, *credo te amare.*

Js croyais que vous étiez heureux, *credebam te esse felicem.*

Croyez-vous que mon oncle ait dîné ? *credis ne meum patruum prandisse ?*

J'espère que votre sœur viendra, *spero tuam sororem venturam esse.*

J'aurais cru que vos amis seraient venus, *credidissem tuos amicos fuisse venturos.*

Je me souviens d'avoir lu, *memini me legere*, ou *legisse*.

N. B. Après *memini*, on met mieux le présent que le prétérit de l'infinitif.

Diverses manières d'exprimer le que ou de, quand un verbe n'a pas de futur de l'infinitif.

Quand un verbe n'a pas de futur de l'infinitif, on exprime le *que* ou *de* par *fore ut*, ou par *futurum esse ut*, et on met le futur de l'indicatif au présent du subjonctif :

J'espère que votre frère étudiera, *spero fore ut*, ou *futurum esse ut tuus frater studeat.*

Quand un verbe n'a pas de conditionnel présent.

Quand un verbe n'a pas de conditionnel présent, on exprime le *que* par *fore ut*, et on met le conditionnel présent à l'imparfait du subjonctif :

J'espérais que votre frère étudierait mieux, *sperabam fore ut tuus frater meliùs studeret.*

Quand un verbe n'a pas de conditionnel passé.

Quand un verbe n'a pas de conditionnel passé, on exprime le *que* par *futurum fuisse ut*, et on met le conditionnel passé au plus-que-parfait du subjonctif :

J'aurais cru que votre frère aurait mieux étudié,

eredidissem futurum fuisse ut tuus frater melius studuisset.

N. B. On se sert de *fore ut* avec le prétérit du subjonctif pour exprimer le futur passé, quand on désigne l'avenir :

Vous croyez qu'il aura bientôt terminé cette affaire, *credis fore ut brevi illud negotium confecerit.*

Diverses manières dont s'exprime le que *ou le* de, *quand le verbe ne marque pas la certitude, l'espoir, la promesse, la menace ou le souvenir.*

1°. *Que* par *ut.*

Après les verbes *avertir, persuader, ordonner, souhaiter, faire en sorte, n'avoir garde de, mériter, être digne de, tant s'en faut que, conseiller, commander, prier, avoir soin, permettre, il faut, il est juste, il est nécessaire, il arrive, il importe,* etc. ; le *que* ou *de* s'exprime par *ut* avec le subjonctif, et s'il suit une négation, il s'exprime par *ne* ou par *ut ne* avec le subjonctif :

Je vous avertis de prendre garde à vous, *te moneo ut tibi caveas.*

Il faut que vous ne le voyiez point, *oportet ne,* ou *ut ne illum videas.*

Il me persuadait de quitter la ville, *persuadebat mihi ut discederem ab urbe.*

Je vous conseille de différer votre voyage à un autre temps, *tibi suadeo ut iter tuum in aliud tempus differas*, ou *rejicias*.

N. B. 1°. Après les verbes *dire*, *avertir*, *persuader*, *écrire*, le *que* se retranche, quand il ne peut pas se tourner par *de* :

Dites-lui, avertissez-le que je suis arrivé, *dic illi, mone illum me advenisse.*

2°. Après *jubere*, commander, le *que* se retranche presque toujours, et le verbe suivant se met au présent de l'infinitif ;

Le roi lui fit donner une récompense, *jussit rex præmium illi tribui.*

2°. Que par quòd.

Après les verbes *se réjouir*, *se repentir*, *être fâché*, *avoir honte*, *s'étonner*, *être surpris*, *remercier*, *savoir bon gré*, etc. ; le *que* ou *de* se tourne par *de ce que*, et s'exprime par *quòd* avec le subjonctif ou l'indicatif :

Je me réjouis de vous avoir été utile (de ce que je vous ai été utile), *gaudeo quòd tibi profuerim.*

J'ai honte de ne vous avoir pas encore répondu, *me pudet quòd ad te nondùm rescripserim.*

3°. Que, par dùm ou donec.

Le *que* après *attendre*, s'exprime par *dùm* ou *donec* avec le subjonctif :

J'attends que vous veniez, *expecto dùm, ou donec venias.*

5°. *Que* par *cur.*

Après *être cause que*, le *que* s'exprime par *cur* avec le subjonctif :

Il a été cause que je ne vous ai pas vu, *in causâ fuit cur non te viderim.*

5°. *Que* par *ne*, par *ut*, ou par *ne non.*

Après *craindre*, *appréhender*, *avoir peur de*, etc., le *que* ou *de*, suivi de *ne* seulement, s'exprime par *ne* avec le subjonctif; mais suivi de *ne pas* ou de *ne point*, il s'exprime par *ut* ou par *ne non.*

Je crains que vous ne perdiez votre procès, *timeo ne causâ cadas.*

J'ai peur de ne point obtenir cette grâce de mon père, *vereor ut*, ou *nenon id à patre impetrem.*

6°. *Que* par *quàm*, par *ac* ou *atque.*

Le *que* après *autre*, *alius*, *a*, *ud*, autrement, *aliter*, s'exprime par *quàm*, ou par *ac*, ou *atque :*

Je suis autre que vous ne croyez, *alius sum quam putas.*

Il parle autrement qu'il ne pense, *aliter loquitur ac* ou *atque sentit.*

7°. *Que* ou *de* par *ne*, par *quin* ou *quominùs.*

Après les verbes *empêcher*, *défendre*, lorsqu'ils

ne sont accompagnés d'aucune interrogation, ou d'aucune négation, le *que* ou *de* s'exprime par *ne ;* mais en étant accompagnés, il s'exprime par *quin* ou *quo minùs* avec le subjonctif :

Je vous empêcherai de vous mettre en chemin, *impediam ne te viæ committas.*

Le mauvais temps n'a pas empêché que je ne vinsse vous voir, *non impediit adversum tempus quin,* ou *quominùs ad te venirem.*

8°. *Que* ou *de*, par *an* et par *quin.*

Après le verbe *douter*, s'il n'est accompagné d'aucune interrogation ou d'aucune négation, le *que* ou *de* s'exprime par *an ;* mais en étant accompagné, il s'exprime par *quin* avec le subjonctif :

Je doute qu'il vienne, *dubito an veniat.*

Je ne doute pas qu'il ne vienne, *non dubito quin veniat.*

N. B. Le *que*, après *peu s'en faut*, *il ne tient à rien*, s'exprime également par *quin* avec le subjonctif :

Peu s'en faut que vous ne soyez prodigue, *parùm abest quin sis prodigus.*

Que, *interrogatif. — Diverses manières dont il s'exprime.*

1°. Le *que* interrogatif, signifiant *quelle chose*, s'exprime par *quid*, lorsque le verbe suivant régit l'accusatif; mais si le verbe suivant régit un autre cas, il faut exprimer le mot *chose :*

Que dites-vous? *quid dicis ?*

Qu'étudiez-vous? *cui rei studes ?*

2°. Le *que* interrogatif devant les verbes de prix ou d'estime, s'exprime par *quanti :*

Que vous coûte cette maison ? *quanti tibi constat hæc domus ?*

3°. Quand le *que* interrogatif peut se tourner par *pourquoi*, on l'exprime par *quid* ou par *cur ;* mais s'il est suivi d'une négation, on l'exprime par *quin*, ou par *cur non :*

Que tardez-vous? *cur moraris ?*

Que ne venez-vous? *quin*, ou *cur non venis ?*

Quel, quelle? — *Diverses manières dont ils s'expriment.*

1°. *Quel, quelle?* s'expriment par *quis ? quæ? quod ?* ou par *quisnam ? quænam ? quodnam ?* et s'accordent avec le nom suivant en genre, en nombre et en cas :

Quelle mère n'aime pas ses enfans? *quæ*, ou *quænam mater liberos suos non amat?*

2°. *Quel,* suivi d'un nom de chose, s'exprime par *quod*, mieux par *quid* avec le génitif :

Quel avantage y a-t-il dans la vie? *quod commodum habet vita?* ou mieux, *quid commodi habet vita ?*

3°. Quand *quel* ou *quelle* signifie *quantième*, il s'exprime par *quotius, a, um*, et l'on répond par le nombre ordinal :

Quelle heure est-il ? sept heures ; *quota hora est ? septima.*

4°. Lorsqu'après *quel* ou *quelle* on peut ajouter le mot *grand*, le *que* s'exprime par *quantus, a, um* :

Quel malheur nous menace ! *quanta nobis instat pernicies !*

Que *admiratif* ou *exclamatif.* — *Diverses manières dont il s'exprime.*

1°. Le *que* admiratif ou exclamatif devant une chose qui ne se compte pas, s'exprime par *quantùm* avec le génitif devant un substantif singulier ; mais devant une chose qui se compte, il s'exprime par *quot*, ou par *quàm multi, æ, a*, que l'on fait accorder en genre, en nombre et en cas, avec le substantif :

Que j'ai ressenti de chagrin de la mort de votre frère ! *quantùm cœpi doloris ex morte fratris tui !*

Que j'ai vu de maisons ! *quot vidi domos !*

Qu'il y a de pommes ! *quot*, ou *quàm multa mala !*

2°. Le *que* admiratif devant un comparatif ou un verbe d'excellence, s'exprime par *quanto* :

Qu'il, *ou* combien il est plus savant ! *quanto doctior est !*

Que Démosthène l'emporte sur les autres orateurs ! *quantò præstat cœteris oratoribus Demosthenes !*

3°. Le *que* admiratif devant un verbe ordinaire, s'exprime par *quàm*, ou par *quantùm*, et par *quanti* devant un verbe de prix et d'estime, ou devant les verbes *refert*, *interest* (il importe) :

Qu'il, *ou* combien il est aimé ! *quàm*, ou *quantùm amatur !*

Qu'il, *ou* combien il est estimé ! *quanti æstimatur !*

Qu'il m'importe que vous soyez heureux ! *quanti meâ refert, ut felix sis !*

Le *que* admiratif joint au mot *grand*, s'exprime par *quantus*, *a*, *um ;* mais joint au mot *petit*, il s'exprime par *quantulus*, *a*, *um* :

Que ma joie serait grande ! *quanta esset mea lætitia !*

Que de désir.

Le *que de désir* (plaise à Dieu que), se rend par *utinam*, avec le subjonctif sans exprimer *ne* :

Que ne puis-je vous rendre la pareille ! *utinam par pari tibi referre possim !*

PRONOMS INDÉFINIS OU INDÉTERMINÉS.

Quelque suivi de que. — Diverses manières dont s'orthographie en français quelque suivi de que.

Invariabilité de quelque.

Quelque, suivi d'un adjectif ou d'un participe

ou d'un adverbe, ou signifiant *environ*, est invariable ; il régit les temps du subjonctif, et l'*e* final de *quelque* ne s'élide jamais devant une voyelle :

Quelque puissants et quelque fortunés que soient vos amis.

Quelque prudemment que se comportent vos nièces.

Il y a quelque trois cents ans que Henri IV est mort ; c'est-à-dire, *il y a environ trois cents ans.*

Variabilité de quelque.

Quelque prend pour lettre finale *s*, quand il est suivi d'un substantif pluriel, ou d'un nom de nombre collectif :

Vous avez composé quelques ouvrages.

J'ai dans ma cave quelques centaines de bouteilles de vin de Beaune.

Séparation de quel *de* que.

Quand *quelque* est suivi immédiatement d'un verbe, il faut séparer *quel* de *que*, et faire accorder *quel* en genre et en nombre avec le substantif, soit qu'il précède ou qu'il suive le verbe :

Quel que soit votre crédit, et vos talens quels qu'ils soient.

Quelle que soit votre intelligence, vos richesses quelles qu'elles soient.

DIVERSES MANIÈRES DONT S'EXPRIME EN LATIN
quelque SUIVI DE *que.*

Quelque, *suivi d'un ajectif, d'un participe, ou d'un adverbe.*

Quelque, suivi d'un adjectif, d'un participe ou d'un adverbe, s'exprime par *quantumvis*, ou par *quantumlibet*, et par *quanticunque*, si c'est un verbe de prix ou d'estime. Il régit les temps du subjonctif :

Quelque éloquent que fût Cicéron, *quantumvis eloquens esset Tullius.*

Quelque estimées que soient vos cousines, *quanticumque æstimatæ sint tuæ consobrinæ.*

Quelque courageusement que vous combattiez , *quantumvis fortiter depugnes.*

Quelque grand que s'exprime par *quantuscumque, quantacumque, quantumcumque ;* et *quelque petit que* par *quantuluscumque,* etc. :

Quelque grands que soient les rois, *quanticumque sint reges.*

Quelque petite que soit ma maison, *quantulacumque sit mea domus.*

Quelque *signifiant* environ.

Quelque, signifiant *environ*, s'exprime par *circiter :*

Il y a quelque trois cents ans que Henri IV est

mort, *tr centis circiter abhinc annis est mor-tuus Henricus quartus.*

Quelque, *suivi d'un substantif et d'un verbe, ou suivi d'un verbe et d'un substantif.*

Quelque, suivi d'un substantif et d'un verbe, ou d'un verbe et d'un substantif, s'exprime par *quicumque,* ou par *qualiscumque*, si le substantif est un nom de choses qui ne se compte pas, et par *quotcumque,* ou par *quantumvis multi, æ, a,* si c'est un nom de choses qui se comptent :

Quelque route que vous preniez, *quemcumque cursum teneas.*

Quelque conseil que vous preniez, *quodcumque consilium capias.*

Quelques services que vous rendiez à un ingrat, vous ne lui en rendrez jamais assez, *quotcumque apud ingratum officia ponas, nunquam satis multa conferes.*

Quel que soit votre destin, *quodcumque sit tuum fatum.*

Quelle que soit votre opinion, *qualiscumque sit tua opinio.*

N. B. Quand le substantif est un nom de choses qui peut se dire grande, *quelque* s'exprime par *quantuscumque :*

Quelle que soit votre intelligence, *quantacumque sit tua intelligentia.*

Qui que ce soit.

Qui que ce soit s'exprime par *quivis, quilibet :*
Il vous importe plus qu'à qui que ce soit, *tuâ magis quàm cujusvis,* ou *cujuslibet interest.*

Qui que ce soit qui, ou que.

Qui que ce soit qui, ou que, s'exprime par *quicunque,* si l'on parle en général ; mais si l'on ne parle que de deux, c'est par *utercunque :*
Qui que ce soit que vous rencontriez, *quemcumque offenderis.*
Qui que ce soit des deux partis qui soit victorieux, nous sommes perdus, *utracunque pars vicerit, tamen perituri sumus.*

Tel, telle.

Tel se traduit par *is, ea, id,* ou par *talis :*
Un homme doué d'un tel génie, *vir tali ingenio præditus.*
Tel a été César, *is fuit Cæsar.*
Tel, pouvant se tourner par *si grand,* s'exprime par *tantus, a, um :*
L'amour de la gloire est tel dans l'homme, qu'il la préfère à tout, *amor gloriæ tantus est in homine, ut eam omnibus anteponat.*

Tel que.

Tel que se rend par *is qui ;* ou par *talis qualis :*

Je ne suis pas tel que vous , *non is sum qui tu ,* ou *talis qualis tu.*

Ma mère n'est pas telle qu'elle paraît , *non ea est mater mea quæ videtur.*

J'espère qu'il sera tel qu'il doit être , *illum spero eum futurum qui debet esse.*

Tel, au commencement de la phrase et suivi de *qui,* se tourne par *quelques-uns* et s'exprime par *quidam :*

Tel rit aujourd'hui , qui pleurera demain , *quidam hodiè rident qui cras flebunt.*

Quand *tel* est répété dans la même phrase, le premier se rend par *qui, quæ, quod,* et le second par *is, ea, id ;* ou bien le premier par *qualis,* et le second par *talis :*

Tel père, tel fils, *qualis pater, talis filius.*

Quand *tel,* suivi de *que,* ne peut pas se tourner par *le même* ou *semblable,* on exprime le *que* par *ut* avec le subjonctif :

La force de la vertu est telle, que nous l'aimons même dans un ennemi, *ea est vis probitatis, ut illam vel in hoste diligamus.*

Tout. — DIVERSES MANIÈRES DONT S'ORTHOGRAPHIE EN FRANÇAIS *tout.*

Invariabilité de tout.

Tout est invariable, quand il est suivi d'un ad=

jectif commençant par une voyelle, ou par un *h* non aspiré, ou quand il signifie *quoique, entière- rement;* il régit les temps de l'indicatif, au lieu qu'en latin, il régit, comme *quelque,* ceux du subjonctif :

Ces dames sont tout étonnées, tout abattues, tout interdites.

Tout aimables, tout habiles que sont ces jeunes-gens.

Tout bons que sont vos plans, ils ne seront point adoptés.

Tout, dans ces deux dernières phrases, signifie *quoique.*

Ces vins doivent être bus tout purs.

Ces chiens ont les oreilles tout arrachées.

Dans ces dernières phrases, *tout* signifie *entiè- ment.*

Variabilité de tout.

Tout est variable, quand il est suivi d'un adjectif féminin commençant par une consonne, par un *h* aspiré, ou quand il est pris collectivement :

La campagne est toute riante.

Ces personnes sont toutes honteuses.

Toutes séduisantes que sont les offres que vous me faites.

Nous sommes tous prêts à embrasser votre défense (pris collectivement).

Tout, placé après plusieurs substantifs, exige le verbe au singulier :

Biens, dignités, honneurs, tout disparaît à la mort.

DIVERSES MANIÈRES DONT S'EXPRIME EN LATIN *tout*, SUIVI DE *que*.

Tout, *suivi d'un adjectif, d'un participe ou d'un adverbe.*

Tout, suivi d'un adjectif, d'un participe ou d'un adverbe, s'exprime par *quantumvis*, ou par *quantumlibet*, et par *quanticunque*, si c'est un verbe de prix ou d'estime. Il régit les temps du subjonctif :

Tout innocent que vous êtes, *quantumvis sis innocens.*

Tout estimable qu'est la vertu, *quanticunque sit æstimanda virtus.*

Tout sagement que se seraient comportés ces enfans, *quantumvis sapienter se gessissent hi pueri.*

Tout, *signifiant* entièrement.

Tout, signifiant *entièrement*, s'exprime par *omninò* :

Ces femmes sont tout affligées, *illæ mulieres sunt omninò afflictæ.*

Tout *, pris collectivement.*

Tout, pris collectivement, s'exprime par *omnes :*
Nous vous recevrons tous avec plaisir, *vos omnes libenter recipiemus.*

SYNTAXE DES VERBES.

Régime des verbes esse, *être;* videri, *paraître;*
fieri, *devenir;* haberi, *passer pour.*

Les verbes *esse,* être ; *videri,* paraître; *fieri,*
devenir ; *haberi,* passer pour; régissent l'adjectif
au même cas que le nom ou le pronom qui les précède :

Votre tante est, *ou* paraît riche, *tua amita est,*
ou *videtur dives.*

Votre frère est devenu l'honneur de sa patrie ;
factus est tuus frater decus patriæ.

Mon ami passe pour savant, *meus amicus ha-
betur doctus.*

Il ne vous est pas permis d'être paresseux, *tibi
non licet esse pigro.*

N. B. Lorsque ces verbes sont précédés d'un
que conjonctif retranché, ils régissent l'accusatif :

Je crois que votre oncle est malade, *credo tuum
avunculum esse ægrotum.*

Verbe être *pris impersonnellement.*

Le verbe *être*, pris impersonnellement, veut au génitif le nom qui suit le verbe :

Il est d'un roi, *ou* il appartient à un roi, de défendre ses sujets ; *est regis tueri subditos.*

Verbe être, *signifiant* appartenir, *suivi des pronoms personnels* à moi, à toi, à lui, à elle, à nous, à vous, à eux, à elles.

Le verbe *être*, signifiant *appartenir*, suivi des pronoms personnels *à moi, à toi, à lui, à elle,* etc. se rend par *est meum, est tuum, est nostrum, est vestrum, est suum :*

C'est à vous de parler, *est tuum loqui* (sous-entendu *negotium*).

N. B. Quand ces pronoms, *à moi, à toi, à lui,* etc., peuvent se tourner par *mien, tien, sien, notre, votre, leur,* on les exprime par *meus, tuus, suus, noster, vester,* que l'on fait accorder en genre, en nombre et en cas avec la personne, ou avec la chose appartenante :

Ce livre est à moi, *hic liber est meus.*

Cette maison et ce verger appartiennent à mon père, *hæc domus et istud pomarium sunt mei patris,* etc.

Etre homme à, être femme à, être capable de.

Etre homme à, *être femme à*, *être capable de*, se tournent par *être celui*, ou *celle qui*, et s'expriment par *is qui*, ou *ea quæ* avec le subjonctif, et le second verbe est toujours à la même personne que le premier :

Je suis homme à entreprendre ce voyage, *is sum qui illud iter suscipiam*.

Ma mère n'est pas femme à élever mal ses enfans, *non ea est mea mater quæ liberos suos malè instituat.*

N. B. Si *être*, ou *n'être pas capable de*, peut se tourner par *pouvoir*, *être suffisant*, on l'exprime par *posse*, *possum :*

Tous les trésors du monde ne sont pas capables de satisfaire son avarice, *thesauri quilibet illius avaritiam satiare non possunt.*

Etre près de, sur le point de, au moment de ; aller ; suivis d'un infinitif.

Etre près de, *sur le point de*, etc., devant un infinitif, se tournent par *dans peu*, *bientôt*, et s'expriment par *mox* ou *jam jam*, et le verbe suivant se met au futur en *rus, ra, rum,* pour l'actif ; et en *dus, da, dum,* pour le passif avec *sum :*

J'étais près de partir, *mox* ou *jam jam profecturus eram.*

Il était au moment d'être pris, *mox capiendus erat.*

Il va bientôt revenir, *mox rediturus est.*

N. B. Quand la chose a manqué d'arriver, et que *être sur le point de* peut se tourner par *presque*, on l'exprime par *ferè* ou *penè* :

Il a été sur le point de tomber, *ferè* ou *penè cecidit.*

Etre bien éloigné de, il s'en faut beaucoup que.

Etre bien éloigné de, il s'en faut beaucoup que, s'expriment par *multùm abest ; combien s'en faut-il,* par *quantùm abest,* et le *que* qui suit, par *ut* avec le subjonctif :

Il s'en faut beaucoup que vous surpassiez vos condisciples, *multùm abest ut tuos superes condiscipulos.*

Combien s'en faut-il au contraire que vous les égaliez ! *imò quantùm abest ut eos assequare !*

N. B. Faut-il, mis par exclamation, ne s'exprime pas ; on met le nom ou le pronom à l'accusatif, et le verbe suivant à l'infinitif :

Faut-il que je sois si malheureux ! *me ne ita miserum esse !*

Diverses manières dont s'expriment il y a, il y avait.

1°. *Il y a, il y avait,* etc., avec un nom de

temps; si ce nom peut se tourner par *depuis*, il s'exprime par *à* devant une consonne, et par *ab* devant une voyelle :

Il y a deux ans que j'étudie le latin ; c'est-à-dire, depuis deux ans, *studeo à duobus annis linguæ latinæ.*

2°. Si le temps est passé, et qu'il ne dure plus, on met le nom de temps à l'ablatif ou à l'accusatif, avec *abhinc*, et on se sert du nombre cardinal :

Il y a vingt ans que votre frère est mort, *viginti abhinc annis*, ou *viginti abhinc annos mortuus est tuus frater.*

3°. Quand, *il y a*, *il y avait*, avec un nom de temps, peut se tourner par *avant*, il s'exprime par *antè* avec l'accusatif, ou par *amplius*, sans rien changer au cas du nom de temps :

Il y a plus de six mois que tu as mal parlé de moi, *antè hos sex menses maledixisti mihi.*

Il y a plus de trois ans qu'il enseigne, *tertium amplius annum docet.*

N. B. On peut aussi employer le verbe *être* au lieu du verbe *avoir* :

Il y a trois ans qu'il est mort ; c'est-à-dire, trois ans sont, *ou* la troisième année est qu'il est mort, *tres anni sunt*, ou *tertius annus est cùm*, ou *ex quo mortuus est.*

Régime des verbes actifs.

Les verbes actifs, ainsi que la plupart des verbes déponents, régissent l'accusatif :

Acquérir de la gloire, *gloriam acquirere.*
Admirer la vertu, *mirari virtutem.*

Verbes qui n'ont qu'un régime en français, et qui en latin régissent différents cas.

N. B. Quand deux verbes n'ont qu'un régime en français, et que les verbes latins régissent différens cas, on met le nom au cas du premier verbe, et l'on se sert d'un des pronoms *is, ille, ipse,* que l'on met au cas du second verbe :

Le flatteur loue et caresse ses amis; *tournez :* le flatteur loue ses amis et les caresse, *amicos suos laudat adulator, illisque blanditur.*

Verbes qui régissent deux accusatifs.

Les verbes *celare,* cacher; *rogare,* prier; *docere,* enseigner; régissent le nom de la personne et celui de la chose à l'accusatif :

J'enseigne l'italien à vos frères, *doceo tuos fratres linguam italianam.*
Il m'a caché cela, *celavit me hanc rem.*
Je vous prie d'une chose, *unum te rogo.*

N. B. Lorsque ces deux verbes sont passifs, il faut mettre la personne à qui l'on cèle, à qui on enseigne, ou que l'on prie, au nominatif, et la chose dont on parle à l'accusatif :

On enseigne les belles lettres à mes frères, *fratres mei docentur humaniores litteras.*

On vous priera de cette grâce, *rogaberis hanc gratiam.*

Les leçons qu'on nous enseigne sont faciles, *lectiones quas docemur, sunt faciles.*

Régime des verbes juvat, delectat, manet, decet, fugit, fallit, præterit.

Les verbes *juvat, delectat,* il fait plaisir ; *manet,* il est réservé ; *decet,* il convient ; *fugit, fallit, præterit,* on ignore ; veulent au nominatif le nom de la chose qui fait plaisir, qui convient, etc. ; et le nom de la personne à l'accusatif :

La chasse me plaît, *venatio me delectat.*

Cet habit vous sied bien, *hæc vestis te decet.*

Je prends plaisir à cela, *id me juvat.*

Vous savez bien cela, *id te non fugit.*

Je connais vos finesses, *fraudes tuæ me non fugiunt.*

Je n'ai pas su cela, *istud me præteriit.*

Nous ignorons bien des choses, *multa nos fugiunt, fallunt, prætereunt.*

Verbes qui régissent l'accusatif avec ad.

Les verbes *pertinere*, appartenir; *attinere*; *spectare*, regarder, avoir rapport à; régissent les pronoms conjonctifs *me*, *te*, *se*, *nous*, *vous*, *les*, *leurs*, à l'accusatif avec *ad*:

Cela nous regarde, *ou* nous appartient, *hoc ad nos attinet*, ou *spectat*.

Pour ce qui me regarde, *quod ad me attinet.*

Verbes qui régissent le datif.

Les verbes *occurrere*, rencontrer; *favere*, favoriser; *succurrere*, secourir; *studere*, étudier; *interdicere*, interdire; *gratulari*, féliciter; *irasci*, se mettre en colère; *blandiri*, flatter; *opitulari*, secourir; *minari;* menacer (faire des menaces); *imminere*, *impendere*, *instare*, menacer (en parlant d'un péril, d'un danger), régissent le datif :

J'ai rencontré votre frère, *mihi tuus occurrit frater.*

Je favorise les gens de bien, *faveo viris probis.*

Votre cousin n'a pas étudié sa leçon, *tuus consobrinus non suæ studuit lectioni.*

Mon frère étudie en droit, en philosophie, *meus frater studet juri, philosophiæ.*

Je vous félicite de votre heureux retour, *gratulor tibi felicem reditum.*

Cet homme se fâche contre moi, il me menace, *homo irascitur mihi, minatur mihi.*

Un grand malheur vous menace, *magna cala- mitas tibi imminet, impendet,* ou *instat.*

Verbes qui régissent le génitif.

Les verbes *oblivisci,* oublier; *recordari, me- minisse,* se souvenir; régissent le génitif :

Il a oublié votre ami, *oblitus est tui amici.*

Je me souviens de mes malheurs, *memini ma- lorum meorum.*

Régime des verbes demander, recevoir, obtenir, emprunter, espérer, attendre, racheter, éloigner, délivrer, séparer, arracher, ôter, détourner.

Ces verbes veulent leur régime indirect à l'abla- tif avec *à,* ou *ab,* ou *è,* ou *ex,* et quelquefois sans préposition :

J'ai reçu des lettres de votre tante, *accepi litte- teras à tuâ amitâ.*

J'attends tout de vous, *omnia à te expecto.*

J'espère cette grâce du Roi très-clément, *expecto hanc gratiam à rege clementissimo.*

Cela est éloigné de la vérité, *hoc distat à,* ou *ex veritate.*

Je vous ai délivré de la servitude, *te exemi à,* ou *ex servitute,* ou *servitute.*

Séparer les bons d'avec les méchans, *disjungere* ou *segregare bonos à malis.*

Régime des verbes apprendre, s'informer.

Les verbes *audire,* apprendre ; *quærere,* s'informer ; veulent leur régime indirect à l'ablatif, avec *à,* ou *ab,* ou *è,* ou *ex ;* mais après *cognoscere,* apprendre, c'est toujours *è* ou *ex :*

J'ai appris cela de mon ami, *id audivi ex,* ou *ab amico meo.*

J'ai connu par vos lettres, *ex litteris tuis cognovi.*

Régime des verbes écrire, envoyer, porter.

Les verbes *scribere,* écrire ; *mittere,* envoyer ; *ferre,* porter ; veulent leur régime indirect à l'accusatif avec *ad,* ou au datif :

Je vous écris une lettre, *scribo tibi,* ou *ad te epistolam.*

Je vous enverrai mon fils, *mittam tibi,* ou *mittam ad te filium meum.*

Régime des verbes avertir, informer.

Les verbes *avertir, informer, admonere ;* veulent leur régime indirect (*de* ou *du*) au génitif ou à l'ablatif avec *de :*

Je l'ai averti du danger, *admonui eum periculi,* ou *de periculo.*

Plût à Dieu que j'eusse été informé de votre dessein, *utinam factus essem tui consilii certior!*

N. B. Avec *moneo*, on met bien les accusatifs neutres *hoc*, *id*, *illud*, *unum :*

Je les avertis de cela, *hoc eos moneo.*

Régime des verbes condamner, absoudre, convaincre.

Ces verbes veulent leur régime indirect au génitif ou à l'ablatif ; mais mieux au génitif :

Accuser quelqu'un de larcin, *insimulare aliquem furti*, ou *furto.*

Absoudre quelqu'un d'un crime, *absolvere aliquem criminis*, ou *crimine.*

Régime des verbes d'abondance, de disette, *et* de privation.

Les verbes *d'abondancce*, *de disette*, et *de privation*, veulent leur régime direct à l'ablatif sans préposition :

Emplir un tonneau de vin, *implere dolium vino.*

Combler quelqu'un de bienfaits, *cumulare aliquem beneficiis.*

Priver quelqu'un de secours, *nudare aliquem prœsidio.*

Régime des verbes passifs.

Le régime des verbes passifs, *de*, *par*, se met à l'ablatif avec *à*, ou *ab*, quand c'est un nom de chose animée, et à l'ablatif sans préposition, quand c'est un nom de chose inanimée :

Nous avons le bonheur d'être gouvernés par un monarque très-savant, très-juste et très-bienfaisant, *beati nos, qui, à doctissimo, æquissimo ac beneficentissimo rege regimur.*

Madame, duchesse d'Angoulême, se fait chérir de tout le monde par sa modestie, par sa piété, et par sa bienfaisance, *Madame, duchesse d'Angouléme, propter suam modestiam, pietatem, ac beneficentiam, ab omnibus diligitur.*

La grue fut persuadée par le serment du loup, *persuasa est lupi jurejurando gruis* (Phèdre).

N. B. 1°. Quand le verbe passif en français n'a point de passif en latin, il faut changer le passif en actif, et le nominatif du verbe passif devient le cas de l'actif :

J'ai été favorisé de tout le monde ; c'est-à-dire, tout le monde m'a favorisé, *omnes mihi faverunt.*

Louis le Grand sera admiré de la postérité, *Ludovicum magnum mirabuntur posteri.*

2°. Quand il y a deux verbes passifs en français joints ensemble, et que l'un des deux n'a pas de passif en latin, il faut changer également les deux passifs en actifs :

J'ai été aimé et favorisé par votre oncle ; c'est-à-dire, votre oncle m'a aimé et m'a favorisé, *me amavit tuus avunculus, mihique favit.*

3°. Lorsque le pronom conjonctif *se,* précède un verbe actif, et que le nominatif est une chose inanimée, il faut changer l'actif en passif :

Le fer s'use, *ferrum atteritur.*

Le vin se gâte, *vinum corrumpitur.*

Régime des verbes déponents.

Les verbes déponents régissent ordinairement, comme les verbes actifs, l'accusatif :

Je vous respecte comme mon père, *te veneror ut meum patrem.*

Régime des verbes dignari, *juger digne ;* frustrari, *frustrer ;* remunerari, *reconnaître un bienfait.*

Les verbes *dignari,* juger digne ; *frustrari,* frustrer, etc., régissent l'ablatif sans préposition :

Vous me frustrez de mon espérance, *spe meâ me frustraris.*

Vous m'avez jugé digne d'un tel honneur, *me tali honore dignatus es.*

Régime des verbes fungi, *s'acquitter;* frui, potiri, *jouir;* gloriari, *se glorifier;* lætari, *se réjouir;* uti, *se servir;* vesci, *se nourrir.*

Les verbes *fungi*, s'acquitter; *frui, potiri,*
jouir, etc., ainsi que leurs composés, régissent
l'ablatif sans préposition :

Je m'acquitte de mon devoir, *fungor officio.*

Je jouis du repos, *fruor otio.*

Je me sers de livres, *utor libris.*

Je me réjouis de votre arrivée, *lætor tuo ad-
ventu.*

VERBES IMPERSONNELS.

Régime des verbes impersonnels me pœnitet, *je
me repens;* me pudet, *j'ai honte;* me piget,
je suis fâché; me miseret, *j'ai compassion.*

Les verbes impersonnels *me pœnitet*, je me repens; *me piget*, j'ai honte, etc. ; veulent à l'accusatif le nom ou le pronom qui précède le verbe
français, et au génitif le nom qui le suit :

J'ai honte de ma négligence, *me piget negligentiæ meæ.*

Je me repens de ma faute, *me pœnitet culpæ
meæ.*

Nous avons pitié des pauvres, *nos miseret pau-
perum.*

N. B. Tous les verbes, excepté *volo, nolo, malo, audeo, cupio,* deviennent impersonnels devant *pœnitet, pudet,* etc.; c'est-à-dire qu'on les met à la troisième personne du singulier, et le nom qui les précède, se met à l'accusatif :

Vous devez avoir honte de votre paresse, *debet te pudere tuæ negligentiæ.*

Les ambassadeurs parurent se repentir, *visum est legatos pœnitere.*

Régime des verbes refert, interest, *il importe.*

1°. Après les verbes *refert, interest,* on met le nom de la personne au génitif :

Il importe à tous de bien agir, *interest omnium rectè agere.*

2°. Avec *refert, interest,* les pronoms conjonctifs *me, te, se, nous, vous, lui, leur,* s'expriment par *meâ, tuâ, nostrâ, vestrâ, suâ* (sous-entendu *causâ*) :

Ma sœur croit qu'il lui importe, *mea soror credit suâ interesse.*

On met *suâ,* quand *lui* se rapporte au nominatif de la phrase; mais quand il ne s'y rapporte pas, on se sert de *ejus, illius :*

Je crois qu'il lui importe, *credo illius interesse.*

Qu'il leur importe, *illorum interesse.*

3°. Quand, après *il importe,* ces pronoms à

28

moi, à toi, etc., sont suivis d'un adjectif ou d'un nom, on met au génitif cet adjectif ou ce nom :

Il importe à vous seul, *tuá unius interest.*

Il importe à moi, Pierre, *refert meá, Petri.*

4°. Après *refert, interest*, les noms des choses inanimées se mettent à l'accusatif, avec *ad :*

Il importe à la gloire et à l'honneur de l'état, *interest ad decus laudem que civitatis.*

Il est très-important pour mon honneur, *multùm interest ad honorem meum.*

Régime de l'impersonnel opus est, *il est besoin.*

L'impersonnel *opus est*, veut au datif le nom ou le pronom qui précède le verbe français, et à l'ablatif le nom qui le suit :

J'ai besoin de votre secours, *mihi opus est tuá ope.*

Régime des verbes qui indiquent le lieu où l'on est.

Le nom du lieu où l'on est, se met à l'ablatif avec *in :*

Il vit en Espagne, *degit in Hispaniá.*

N. B. 1°. On sous-entend la préposition, quand c'est un nom propre de ville :

Il est né à Avignon, *natus est Avenione.*

2°. Quand le nom propre de ville est au singulier de la première ou de la seconde déclinaison, on le met au génitif (parce qu'on sous-entend *in urbe*):

Il demeure à Paris, *manet Lutetiæ.*

Les noms *domus*, maison; *humus*, terre; se mettent aussi au génitif, *domi, humi :*

Est-il à la maison? *est ne domi?*

Il m'a jeté par terre, *me prostravit humi.*

Les noms *militia, bellum*, se mettent aussi au génitif :

En temps de paix, de guerre, *domi, militiæ* (sous-entendu *tempore*).

Régime des verbes qui indiquent le lieu où l'on va.

Le nom du lieu où l'on va se met à l'accusatif avec *in*, quand on entre dans le lieu, et avec *ad*, quand on ne va qu'auprès; mais on sous-entend la préposition *in*, quand c'est un nom propre de ville, devant *rus* et *domum*, et après le verbe *petere*, aller :

Je vais au marché, à la ville, *eo in forum, in urbem.*

Ils vinrent au même ruisseau, *venerunt ad eumdem rivum.*

J'irai à Rouen, à la maison, à la campagne, *ibo Rothomagum, domum, rus.*

Je vais au collége, *peto collegium.*

Régime des verbes qui indiquent le lieu d'où l'on part, et d'où l'on vient.

Le nom de lieu d'où l'on part, et d'où l'on vient, se met à l'ablatif, avec *è* ou *ex :*

Je reviens de la France, *redeo ex Galliâ.*

On sous-entend la préposition *è* ou *ex*, quand c'est un nom propre de ville, et devant *rure, domo :*

Je reviens de Rouen, de la maison, de la campagne, *redeo Rothomago, domo, rure.*

N. B. Le nom de la personne de chez qui l'on vient, et de l'endroit d'où l'on vient, se met à l'ablatif, avec *à* ou *ab :*

Je viens de chez mon frère, *venio à fratre.*

De la chasse, *à venatione.*

Régime des verbes qui indiquent le lieu par où l'on passe.

Le nom du lieu par où l'on passe se met à l'accusatif, avec *per :*

J'ai passé par Rome, *iter feci per Romam.*

Quand on se sert de *transire*, au lieu de *iter facere*, on met l'accusatif sans la préposition *per :*

J'ai passé par Lyon, *transivi Lugdunum.*

Par chez, avec un nom de personne, se tourne par *la maison de*, et s'exprime par *per domum :*

Je passerai par chez mon oncle, *iter faciam per domum avunculi mei.*

N. B. 1°. Quand, après un nom propre de ville, se trouve le nom commun *ville, endroit,* on met d'abord le nom propre au cas marqué dans chaque nom de lieu ; mais on exprime la préposition devant le nom commun :

Je suis à Lyon, ville commerçante, *sum Lugduni, in urbe mercatrice.*

Je vais à Rome, ville d'Italie, *eo Romam, in urbem Italiæ.*

Je reviens de Lyon, ville de France, *redeo Lugduno, ex urbe Galliæ.*

2°. Si le nom commun *ville* est devant le nom propre, il faut exprimer la préposition, et mettre le nom propre au cas de la préposition :

Il demeure dans la ville de Lyon, *habitat in urbe Lugduno.*

Manière dont on interroge les verbes en latin.

Quand on interroge sans négation, on met en latin *an* ou *nùm* devant le premier mot, ou *ne* après, et la réponse se fait par le verbe de l'interrogation : dormez-vous? *nùm dormis?* non, *non dormio* (*nùm* s'emploie quand la réponse est négative) :

Avez-vous eu hier le bonheur de voir le Roi? *heri tibi ne contigit videre regem?* oui, *mihi contigit.*

Si l'interrogation se fait par deux négations, *ne*

pas, *ne point*, on met *an non*, ou *non ne*, devant le premier mot :

N'avez-vous pas vu mon frère? *an non*, ou *non ne vidisti meum fratrem?* non, *non vidi.*

Manière d'interroger en français les verbes qui, par raison d'euphonie, ne peuvent s'interroger à la première personne du singulier du présent de l'indicatif.

Il faut les interroger par la première personne du singulier du présent du subjonctif, en changeant l'*e* muet en *é* aigu :

SUBJONCTIF PRÉSENT.

Il faut,

Chanter . . .	Que je chante . . .	Chanté-je?
Souffrir . . .	Que je souffre . . .	Souffré-je?
Engager . . .	Que j'engage. . . .	Engagé-je?
Courir. . . .	Que je coure. . . .	Couré-je ?
Coudre . . .	Que je couse. . . .	Cousé-je?
Dormir . . .	Que je dorme . . .	Dormé-je ?
Craindre . . .	Que je craigne . . .	Craigné-je?
Feindre . . .	Que je feigne . . .	Feigné-je?
Moudre . . .	Que je moule . . .	Moulé-je?
Se résoudre . .	Que je me résolve . .	Me résolvé-je?
Sentir. . . .	Que je sente	Senté-je?
Ecrire. : . .	Que j'écrive	Ecrivé-je ?
Perdre. . . .	Que je perde. . . .	Perdé-je?
Rompre . . .	Que je rompe . . .	Rompé-je?
Chérir. . . .	Que je chérisse . . .	Chérissé-je?
Acquérir . . .	Que j'acquière . . .	Acquiéré-je
Sortir	Que je sorte	Sorté-je ?

Vivre	Que je vive	Vivé-je ?
S'asseoir . . .	Que je m'asseye. . .	M'asseyé-je?
Convaincre . .	Que je convainque . .	Convainqué-je ?
Servir	Que je serve	Servé-je?

Par cette interrogation, on donne plus de nombre et plus de rapidité au langage, et on enrichit la poésie de l'emploi d'un temps, que l'euphonie en avait jusqu'à présent exclu.

Verbes qui s'interrogent à la première personne du singulier du présent de l'indicatif.

J'ai	Ai-je ?
Je suis . . .	Suis-je ?
Je vais . . .	Vais-je ?
Je sais . . .	Sais-je ?
Je dois . . .	Dois-je?
Je fais . . .	Fais-je?
Je reçois. . .	Reçois-je ?
Je puis	Puis-je ?
Je viens. . .	Viens-je ? etc.

SYNTAXE DES PARTICIPES.

Manières dont s'expriment en latin les participes présents étant, ayant été.

1°. Comme le verbe *esse*, ainsi que ses composés *posse*, *deesse*, *prodesse*, etc., n'ont point de participe présent, ni de participe passé; pour rendre ces participes en latin, il faut tourner la phrase par *lorsque*, *après que*, *puisque*, et les exprimer par *cùm*, *postquàm*, avec le subjonctif :

Cicéron étant consul, sauva la république, *Cicero, cùm esset consul, servavit rempublicam*.

Sylla ayant été deux ans dictateur, abdiqua ; tournez : lorsque Sylla eut été deux ans dictateur, il abdiqua, *Sylla, cùm fuisset duobus annis dictator, abdicavit*.

2°. Comme nos participes passés actifs français ne s'expriment point en latin, excepté dans quelques verbes neutres, qu'on nomme neutres passifs, comme *audeo, ausus ; soleo, solitus ; fido, fisus ;* on tourne la phrase par *lorsque*, *puisque*, et on met le verbe au subjonctif :

Cicéron, ayant sauvé la république, fut nommé père de la patrie, *Cicero, cùm servavisset rempublicam, cognominatus est pater patriæ*.

3°. Le participe du passé passif manque en latin, quand le verbe est neutre, et souvent quand il est déponent ; alors il faut changer la phrase, et la tourner du passif en actif, et se servir des conjonctions *cùm, postquàm*, avec le subjonctif :

Pausanias ayant été poursuivi par les Ephores, se sauva dans un temple, *Pausanias, cùm eum insecuti essent Ephori, in templum confugit*.

Son discours ayant été admiré de tout le monde, il fut applaudi à plusieurs reprises, *cùm ejus orationem omnes mirati fuissent, plausus est ei multiplex datus*.

Ayant été favorisé des vents, il arriva promptement en Égypte, *cùm ei venti favissent, citò in Ægyptum pervenit.*

Participes rendus par l'ablatif.

Quand le participe ne se rapporte ni au nominatif, ni au régime du verbe, on met à l'ablatif ce participe, ainsi que le nom auquel il est joint, et on les fait accorder en genre et en nombre :

Les parts ayant été faites, le lion parla ainsi : *partibus factis, sic locutus est leo* (sous-entendu la préposition *à* après); *à partibus factis,* après les parts faites.

SYNTAXE DES ADVERBES:

Régime des adverbes de quantité.

Les adverbes de quantité régissent le génitif :
Peu de vin, *parùm vini;* trop de piéges, *nimis insidiarum.*

Beaucoup d'eau, *multùm aquæ;* plus de forces, *plus virium.*

Moins de vertu, *minùs virtutis;* assez de paroles, *satis verborum.*

Régime des adverbes de temps et de lieu.

Les adverbes de temps et de lieu régissent le génitif :
En quel lieu du monde ? *ubi terrarum ?*

Nulle part, en aucun lieu du monde, *nusquam gentium*.

En, *ecce*, voici, voilà ; régissent le nominatif ou l'accusatif :

Voici, voilà le loup, *en, ecce lupus* (sous-entendu *adest*).

En, ecce lupum (sous-entendu *aspice*, voyez).

Ergò, employé pour *causâ*, veut le génitif, et se met après son régime :

A cause de lui, *ou* pour l'amour de lui, *ou* en sa considération, *illius ergò*.

Instar (comme) veut aussi le génitif, et se met après son régime :

Comme une montagne, *montis instar*.

Obviàm (au-devant) veut le datif :

Aller au-devant de quelqu'un, *ire obviam alicui*.

SYNTAXE DES PRÉPOSITIONS.

Diverses manières dont s'exprime la préposition à.

1°. Quand *à* se trouve entre deux verbes, et que le premier verbe ne renferme aucun mouvement, on met le second à l'infinitif :

J'apprends à lire, *disco legere*.

2°. Quand le verbe exprime quelque mouvement, ou une invitation à faire une chose, *à* s'exprime par *ad* avec le gérondif en *dum*, ou par *ut* avec le subjonctif :

Le capitaine encourage ses soldats à combattre vaillamment, *imperator accendit milites ad dimicandum fortiter*, ou *ad id ut dimicent fortiter*.

3°. *A*, devant un infinitif, pouvant se tourner par *en*, s'exprime par le gérondif en *do* :

Il passe le temps à lire, *consumit tempus legendo*.

4°. Si *à* se trouve devant l'infinitif d'un verbe qui a un régime, et qui gouverne l'accusatif sans préposition, au lieu du gérondif en *do*, on se sert mieux du participe en *dus, da, dum*; et on met ce participe et son régime à l'ablatif avec *in* :

Il passe son temps à repasser ses auteurs, *tempus consumit in recognoscendis auctoribus*.

5°. *A*, devant un infinitif pouvant se tourner par *pour*, s'exprime par *ad*, avec le gérondif en *dum*, ou par le participe du futur en *dus, da, dum*, qu'on fait accorder avec son substantif :

Il m'a donné des livres à lire, *dedit mihi libros legendos*, ou *ad legendum*.

6°. Quand le verbe n'a pas de participe, *à* se tourne par *afin que*, et s'exprime par *ut* avec le subjonctif :

Je travaille à devenir savant, *laboro ut fiam doctus*.

7°. *A*, pouvant se tourner par *devoir*, s'exprime par le participe en *dus*, *da*, *dum* :

Un châtiment à craindre ; (c'est-à-dire, qui doit être craint), *pœna timenda*.

8°. *A*, devant un substantif, pouvant se tourner par *dans*, s'exprime par *in* avec l'ablatif :

Mon frère boit de l'eau à tous ses repas, *meus frater bibit aquam in omnibus mensis*.

9°. *A*, devant un substantif, pouvant se tourner par *vers*, s'exprime par *versùs* avec l'accusatif :

A la fin de l'été, *versùs finem œstatis*.

10°. *A*, *au*, ou *par*, avec les verbes qui marquent le commencement ou la fin, s'expriment par *à* ou *ab* avec l'ablatif :

Il commence au fleuve du Rhône, c'est-à-dire, depuis le fleuve du Rhône, *initium capit à flumine Rhodano*.

Au soleil, *sub sole*.

A découvert, *ou* à la belle étoile, *sub dio*.

Avoir à portée, *sub ictu habere*.

A ma prière, *rogante me*.

A la prière de, *rogatu*, avec le génitif.

A ma requête, *postulante me*.

A votre vue, *vidente te*.

A l'insu de son frère, *insciente fratre*.

A la vue de tout le monde, *inspectantibus omnibus*.

Diverses manières dont s'expriment de, du, des.

1°. *De*, *du*, *des*, pris dans un sens générique, ne s'expriment point :

De vrais amis sont rares, *veri amici sunt rari.*

Du pain est nécessaire à la vie, *panis est necessarius vitæ.*

Des insensés s'imaginent, *stulti putant.*

2°. *De*, au commencement d'une phrase, s'exprime par *è* ou *ex* avec l'ablatif :

De toutes les richesses, la science est préférable, *ex omnibus divitiis, scientia est anteponenda.*

3°. *De*, signifiant *touchant*, s'exprime par *de* avec l'ablatif :

Vous parlerez de moi, *de me loqueris.*

4°. *De*, devant un infinitif, pouvant se tourner par *si*, s'exprime par *si :*

Vous me ferez plaisir de lui faire connaître, *pergratum mihi feceris, si dederis operam ut intelligat.*

5°. *De*, pouvant se tourner par *de ce que*, ou par *moi qui*, *vous qui*, s'exprime par *qui*, *quæ*, *quod*, avec le subjonctif :

Vous êtes heureux d'avoir tant d'admirateurs ; c'est-à-dire, de ce que vous avez, etc., *te felicem, qui tot admiratores habeas.*

6°. *De*, pouvant se tourner par *à cause*, ou *à force*, s'exprime par *præ* avec l'ablatif :

Cet homme s'est tué de désespoir, *hic homo se occidit præ desperatione*.

7°. *De*, pouvant se tourner par *de la part*, s'exprime par *à* ou *ab* avec l'ablatif :

Craindre quelque chose de quelqu'un, *timere aliquid ab aliquo*.

8°. *De*, pouvant se tourner par *aux dépens de*, s'exprime par *de*, ou par *è*, ou *ex*, avec l'ablatif :

C'est de votre argent qu'il a bâti cette maison, *de tuâ pecuniâ domum ædificavit*.

De deux jours en deux jours, *altero quoque die*.

De jour à autre, *alternis diebus*, ou *in singulos dies*.

De jour en jour, *ou* chaque jour, *in diem*, ou *in dies*.

De concert, de complot, d'intelligence, *de compacto*.

De plein pouvoir, *ou* de puissance absolue, *per potestatem*.

Du temps de nos ancêtres, *apud majores nostros*.

De jour et de nuit, *per diem, perque noctem*.

Nous sommes déjà d'un âge à, *id ætatis jam sumus ut*.

De temps en temps, *ex intervallo*, ou *interdùm*, ou *identidem*.

Emploi en français des prépositions de *et* des.

On met la préposition *de* avant l'adjectif, quand le nom n'est pas pris dans un sens déterminé, ou quand il est pris dans un sens partitif :

Ce sont de bonnes gens.

J'ai de bons ouvrages dans ma bibliothèque.

On emploie *des* devant un substantif, quand le nom est pris dans un sens déterminé :

J'ai acheté des vases précieux, des bouquets de rose, de jasmin.

N. B. De, régit le substantif au pluriel, quand on peut ajouter après *de*, les mots *deux, plusieurs, certains, quelques, différents ;* mais *de* régit le substantif au singulier, quand on peut ajouter après *de*, les mots *en général, quelconque :*

Un bouquet d'œillets, de jonquilles, de renoncules ; c'est-à-dire, *composé de plusieurs œillets, de plusieurs jonquilles, de plusieurs renoncules.*

Un pot de réséda, d'Héliotrope (quelconque).

Un bouquet de fleurs d'oranger, et non pas *de fleurs d'orange*, parce que les fleurs ne proviennent pas de l'orange, mais de l'oranger.

On dit : *de la fleur de fraisier, de pêcher, d'abricotier, de cerisier, de framboisier, de murier*, etc. On doit donc dire : *du ratafia de fleurs d'oranger*, et non pas *du ratafia à la fleur d'orange.*

Diverses manières dont s'exprime la préposition
pour.

1°. *Pour*, signifiant *sur*, ou *touchant*, s'exprime par *de* avec l'ablatif :

Il se fâche pour rien, *de nihilo irascitur.*

2°. *Pour*, signifiant *envers*, s'exprime par *in* ou *ergà* avec l'accusatif :

Son amour pour la patrie, *amor in patriam*, ou *ergà patriam.*

Mon amitié pour vous, *mea in te*, ou *ergà te amicitia.*

3°. *Pour*, signifiant *pour l'amour de*, se rend par *causá*, ou par *gratiá* avec le génitif :

Je ferai volontiers cela pour lui, *id libenter illius causá faciam.*

Pour moi, *meá causá;* pour vous, *tuá causá;* au lieu des génitifs *meí*, *tuí.*

4°. *Pour*, signifiant *au lieu de*, *en la place de*, s'exprime par *pro* avec l'ablatif, ou par *loco* avec le génitif :

Pour Alexandre, il nomma Philippe, *pro Alexandro*, ou *loco Alexandri*, *Philippum appellavit.*

5°. *Pour*, signifiant *à cause de*, s'exprime par *ob*, ou par *propter* avec l'accusatif :

J'aime ce jeune homme pour sa modestie, *hunc juvenem propter modestiam amo.*

6°. *Pour*, signifiant *l'intention* ou *la fin*, s'exprime par *in* avec l'accusatif :

César a employé son patrimoine pour le salut de la république, *Cæsar patrimonium suum in salutem reipublicæ collocavit.*

7°. *Pour*, signifiant *à l'avantage, au désavantage de*, s'exprime par le datif :

Demander grâce pour quelqu'un, *alicui veniam petere.*

8°. *Pour*, devant un nom de temps, ou avec le mot *temps*, s'exprime par *ad* avec l'accusatif :

Monter sur le trône pour un an, ou pour peu de temps, *ascendere in solium ad annum, vel ad parvum tempus.*

9°. *Pour*, signifiant *envers*, s'exprime par *ergà* avec l'accusatif :

La pitié pour les pauvres ouvre les portes du ciel, *commiseratio ergà pauperes januas cœli aperit.*

10°. *Pour*, pouvant se tourner par *comme*, ne s'exprime point :

Le loup ayant été cité pour témoin, *lupus citatus testis.*

11°. *Pour*, pouvant se tourner par *du côté de*, s'exprime par *à* ou *ab*, avec l'ablatif :

Il est pour le sénat, *stat à senatu.*

12°. *Pour*, pouvant se tourner par *quant à, pour ce qui est de*, s'exprime par *verò*, ou par *quidèm*, que l'on met après le nom ou le pronom qui suit :

Pour vous, je vous dis, *tibi verò dico.*

Laissez aux riches leurs richesses; pour vous, préférez la vertu aux richesses, *divitias sine divitum esse; tu verò, virtutem præfer divitiis.*

13°. *Pour*, signifiant *eu égard à*, s'exprime par *ut*, et quelquefois par *pro*, qui gouverne l'ablatif :

Il avait assez de littérature pour un Romain, *erant multæ ut in homine Romano litteræ.*

14°. *Pour*, devant un infinitif, s'exprime par *ad* avec le gérondif en *dum*, ou par *ut* avec le subjonctif, ou par *causâ, gratiâ*, avec le gérondif en *di :*

L'homme doit manger pour vivre, *homo debet edere ad videndum, ut vivat,* ou *vivendi causâ.*

15°. *Pour*, suivi d'un comparatif, s'exprime par *quò*, au lieu de *ut*, avec le subjonctif :

Reposez-vous, pour mieux travailler, *otiare, quò meliùs labores.*

16°. *Pour*, accompagné d'une négation, se rend par *ne* avec le subjonctif :

Pour ne point vous ennuyer, *ne vobis tædium afferam.*

17°. *Pour*, devant un infinitif, pouvant se tourner par *qui* ou *que*, s'exprime par *qui, quæ, quod*, avec le subjonctif :

Il m'envoya quelqu'un pour m'avertir, *misit hominem qui me moneret.*

18°. *Pour*, devant le prétérit de l'infinitif, se tourne par *de ce que*, et s'exprime par *quòd* avec le subjonctif :

Je vous récompense, pour avoir travaillé diligemment, *te remunero, quia laboravisti diligenter.*

N. B. Quand *pour* est devant un infinitif passif, ou devant l'infinitif d'un verbe qui n'a pas de gérondif, il faut tourner *pour* par *afin que*, ou par *quoique*, et l'exprimer par *ut* avec le subjonctif :

Il fait cela pour être loué, *id agit ut laudetur.*

Pour être savant, il faut étudier, *ut doctus evadas, tibi studendum est.*

Diverses manières dont s'exprime la préposition sans.

1°. *Sans*, devant un nom substantif, s'exprime par *sine* avec l'ablatif :

Sans la vertu, l'amitié ne peut subsister, *sine virtute, amicitia esse nullo pacto potest.*

2°. Quand le verbe qui précède *sans* n'a ni négation, ni interrogation, on tourne *sans* par *et ne pas*, et on l'exprime par *nec*, ou *nec tamen* :

Il est sorti sans avoir vu ses amis, *discessit, nec tamen amicos salutavit.*

3°. Quand *sans* est précédé d'une négation ou

d'une interrogation, il se tourne par *que ne*, et s'exprime par *quin*, ou par *nisi* avec le subjonctif :

Il ne peut parler sans rire, *loqui non potest quin rideat.*

On ne devient pas savant sans lire beaucoup, *nemo fit doctus quin*, ou *nisi multa legat.*

4°. Lorsque *sans* peut se tourner par *avant que*, il s'exprime par *priùs quàm*, ou par *antequàm :*

Je ne partirai pas sans vous avoir dit adieu, *non profiscar priùs quàm tibi valedixerim.*

Sans pleurer, *sine lacrymis.* Sans contester, *sine controversiâ.*

Sans faire semblant de rien, *dissimulanter.* Sans y penser, *temerè, imprudenter.*

Sans se douter de rien, *sine ullâ suspicione.*

Souffrir quelque chose sans se plaindre, *aliquid æquo animo ferre.*

Passer les nuits sans dormir, *noctes insomnes ducere.*

Sans y prendre garde, *per imprudentiam.*

Sans avoir égard à votre dignité, *nullâ habitâ ratione dignitatis tuæ.*

Sans tarder davantage, *nullâ interpositâ morâ,*

Sans blesser sa conscience, *salvâ fide.*

Sans violer les lois de l'amitié, *salvo jure amicitiæ.*

Il est parti sans que son père le sût, *inscio patre profectus est.*

Pourvu que ce soit sans vous incommoder, *quod commodo tuo fiat.*

Cela m'est arrivé sans que je m'y attendisse, *improvisum hoc, et inopinatum mihi accidit*, ou *mihi nec opinatum hoc accidit.*

Sans parler d'Athènes, *ut omittam Athenas.*

Sans l'ordre de sa mère, *injussu matris.*

Diverses manières dont s'exprime la préposition

après.

1°. *Après*, devant un substantif, s'exprime par *post* avec l'accusatif :

Après le dîner, *post prandium.*

2°. *Après*, marquant la seconde place, le second rang, s'exprime par *secundùm* avec l'accusatif, ou par *à* ou *ab* avec l'ablatif :

Après Démosthène, il est sans contredit le premier des orateurs, *secundùm Demosthenem*, ou *à Demosthene est oratorum facilè princeps.*

3°. *Après*, signifiant *immédiatement après*, s'exprime par *sub* avec l'accusatif :

Après cette lettre, on lut la vôtre, *sub eas litteras, recitatæ sunt tuæ.*

4°. *Après*, suivi du prétérit de l'infinitif actif, se tourne par *après que*, et s'exprime par *postquàm ;* et le verbe se met à différens temps de l'indicatif, de cette manière :

Après avoir prié Dieu, je vais me coucher ;

c'est-à-dire, après que j'ai prié Dieu, etc., *postquàm Deum oravi, lectum peto.*

Après avoir prié Dieu, je suis allé me coucher; c'est-à-dire, après que j'eus prié, etc., *postquàm Deum oravi, lectum petivi.*

Après avoir prié Dieu, j'irai me coucher; c'est-à-dire, après que j'aurai prié Dieu, etc., *postquàm Deum oravero, lectum petam.*

N. B. Après, suivi du prétérit de l'infinitif, peut aussi se rendre par le participe passé, si le verbe en a un :

Après avoir soupé, il est allé se coucher, *cœnatus, lectum petivit.*

Diverses manières dont s'exprime la préposition avant, suivie d'un infinitif.

1°. *Avant*, suivi d'un infinitif, se tourne par *avant que*, et s'exprime par *antequàm* ou *priusquàm* avec le subjonctif :

J'étudie, j'étudierai avant de jouer; *tournez :* avant que je joue, *studeo, studebo, antequàm*, ou *priusquàm ludam.*

J'étudiais, j'ai étudié, j'avais étudié avant de jouer; *tournez :* avant que je jouasse, *studebam, studui, studueram antequàm luderem.*

2°. Devant le prétérit de l'infinitif, *avant* peut

se rendre par un participe passé, en y ajoutant une négation :

Il est parti avant d'avoir terminé son affaire; c'est-à-dire, son affaire n'étant pas terminée, *infecto negotio profectus est.* (*In*, ajouté à un adjectif, équivaut à *non.*)

Diverses manières dont s'exprime la préposition
aulieu.

1°. *Aulieu de*, devant un substantif, s'exprime par *pro* avec l'ablatif, ou par *loco* avec le génitif :

Aulieu d'épée, il se servit d'un bâton, *pro gladio*, ou *gladii loco, fuste usus est.*

2°. *Aulieu de*, suivi d'un infinitif, se tourne par *lorsque je devrais, tu devrais, il devrait,* quand il y a obligation de faire la chose; et par *lorsque je pourrais, tu pourrais, il pourrait,* quand il n'y a qu'une simple permission de faire la chose :

Il joue aulieu de s'appliquer à l'étude (lorsqu'il devrait s'appliquer à l'étude), *ludit cum studio dare operam deberet.*

Il lit aulieu de jouer, (lorsqu'il pourrait jouer), *legit cùm ludere posset.*

3°. *Aulieu de*, précédé d'un impératif, se traduit par *non autem*, et le second verbe se met également à l'impératif :

Lisez, aulieu de badiner, *lege, non autem nugare.*

4°. Quand *aulieu que* peut se tourner par *au contraire*, il se rend par *verò*, *autem* :

Il étudie, au lieu que vous badinez, *legit ille, tu verò nugaris.*

Manière dont s'exprime loin de, loin que.

Loin de, *loin que*, suivis d'un verbe, s'expriment par *nedùm* avec le subjonctif, et le membre de phrase où il se trouve, devient le second :

Loin de m'aimer, à peine il me regarde; *tournez :* à peine il me regarde, loin qu'il m'aime, *vix me aspicit nedùm me amet.*

Loin que vous puissiez fournir à sa dépense, à peine un satrape le pourrait-il ; *tournez :* à peine un satrape pourrait-il fournir à sa dépense, loin que vous le puissiez, *vix ejus sumptus sufferre posset satrapes, nedùm tu possis.*

Diverses manières dont s'exprime si *conditionnel.*

1°. *Si*, conditionnel, s'exprime par *si*, et le verbe se met au subjonctif, lorsqu'il est à l'imparfait ou au plus-que-parfait :

Si vous le faisiez, si vous l'aviez fait pour l'amour de moi, *id si faceres, si fecisses causâ meâ.*

2°. Après *si* conditionnel, le présent s'exprime en latin par le futur, lorsque la phrase corrélative est au futur :

Si vous lisez ce livre, je serai content, *hunc librum si leges, lætabor.*

3°. Quand *si* est suivi de *ne*, on le traduit par *nisi* avec le subjonctif :

Si tu ne prends garde, tu tomberas, *nisi caveas, cades.*

4°. Quand *si* est suivi de *ne pas*, *ne point*, on le traduit par *si non*, *si minùs*, et les mots *au moins*, *du moins*, *pour le moins*, s'expriment par *saltèm*, *at certè*, *ut minimùm* :

Si vous ne craignez pas les hommes, au moins craignez Dieu, *si non homines, at certè Deum time.*

5°. *Si*, ayant la signification de *quand*, *parce que*, ne régit pas le subjonctif :

Si j'entrais, il sortait, *cùm intrabam, exibat.*

Diverses manières dont s'exprime si *dubitatif.*

Si, après les verbes *douter*, *demander*, *examiner*, *ne pas savoir*, *juger*, *dire*, *s'informer*, etc., se traduit par *an* ou *utrùm*, et le verbe suivant se met au subjonctif :

La grenouille demanda à ses petits, si elle était

plus grosse que le bœuf, *natos suos rana inter-rogavit, an esset bove latior* (Phèdre).

N. B. 1°. Si le verbe est au futur, on emploie le participe du futur avec le verbe *esse* :

Je ne sais s'il viendra, *nescio an venturus sit.*

2°. Si le verbe n'a point de participe du futur, on se sert de *futurum sit, esset, fuisset,* selon les temps du verbe exigés par le sens de la phrase :

Je demande si vous étudierez mieux dans la suite, *quæro an futurum sit ut in posterùm diligentiùs studeas.*

Je ne sais si les arbres auraient fleuri, *nescio an futurum fuisset ut arbores floruissent.*

Quand *si* dubitatif est suivi de *ou si*, le premier se traduit par *an* ou *utrùm*, le second par *an* :

On demande, si la faute est la vôtre, ou si elle est la mienne, *quæritur, utrùm tua sit, an mea culpa.*

Ou non, se traduit par *an non*, ou par *nec ne* :

Je doute si je veille, ou non, *dubito utrùm vigilem, nec ne.*

DIVERSES MANIÈRES DONT SE TRADUISENT EN LATIN LES LOCUTIONS FRANÇAISES SUIVANTES :

Venir de, *suivi d'un infinitif.*

Venir de, suivi d'un infinitif, se tourne par *tout-à-l'heure*, modò :

Il vient de partir, *modò profectus est.*

Je viens de lui parler, *modò cum eo collocutus sum*.

S'il vient à savoir cela, *id si rescierit.*

Faire, *suivi d'un infinitif.*

1°. Quand le verbe *faire* signifie *faire ensorte*, on le traduit par *facere*, ou *dare operam ut* avec le subjonctif :

Faites-moi savoir; c'est-à-dire, faites en sorte que je sache, *fac ut sciam*.

2°. Quand *faire* signifie *contraindre, comman- der, engager*, on l'exprime par *cogere, jubere, impellere* :

Vous me faites mourir, *mori me cogis.*

Il le fit tuer, *jussit eum occidi.*

Cela m'a fait croire, *id me impulit ut crede- rem.*

3°. *Ne faire que de*, se tourne par *tout-à- l'heure*, et s'exprime par *modò* :

Il ne fait que d'arriver, *modò advenit.*

4°. *Ne faire que*, se tourne par *toujours*, et s'exprime par *semper, perpetuò* :

Il ne fait que badiner, *perpetuò nugatur.*

Se faire donner quelque chose par force, *aliquid extorquere.*

Faire sa paix avec quelqu'un, *in gratiam redire cum aliquo.*

Faire espérer à quelqu'un que, *aliquem in spem adducere* (le *que* se supprime).

Faire concevoir une bonne opinion de soi, *bonam sui*, ou *de se spem concitare*.

Les autres significations de *faire* se trouvent dans le dictionnaire.

Ne manquer pas de, *suivi d'un infinitif*.

1°. *Ne manquer pas de*, suivi d'un infinitif, se tourne par *certainement*, profectò :

Je ne manquerai pas de lui écrire, *ad illum profectò scribam*.

2°. Quand on commande quelque chose, *ne manquez pas de*, se tourne par *souvenez-vous*, *memento;* au pluriel, *mementote :*

Ne manquez pas de l'avertir, *memento ut illum moneas.*

S'occuper à, se mettre à, se mêler de, *suivis d'un infinitif*.

Les verbes *s'occuper à, se mêler de*, suivis d'un infinitif, ne s'expriment point en latin :

Il s'occupe à lire, *legit.*

Il se mêla de dire son sentiment, *sententiam aperuit.*

Se mettre à, devant un infinitif, s'exprime en latin par *cœpisse, cœpi :*

Il se mit à pleurer, *flere cœpit.*

Avoir la force de, la hardiesse de, *suivis d'un infinitif.*

Avoir la force de, la hardiesse de, suivis d'un infinitif, s'expriment par *sustinere, audere*, avec l'infinitif latin :

Avez-vous bien eu la force, la hardiesse de nier cela? *sustinuisti, ausus es id negare?*

Ne servir qu'à, *suivi d'un infinitif.*

Ne servir qu'à, devant un infinitif, ne s'exprime pas en latin :

Cela ne sert qu'à aigrir ma douleur, *hoc dolorem meum exulcerat.*

Savoir, *devant un infinitif.*

Savoir, devant un infinitif, ne s'exprime pas en latin :

Il sut profiter de cette occasion, *ed occasione usus est.*

Devoir, il faut, *marquant* obligation, avoir besoin de, *suivis d'un infinitif.*

Quand les verbes *devoir, avoir besoin de, il faut*, marquent obligation, on tourne la phrase par le passif, et l'on se sert du futur en *dus, da, dum :*

Il faut réprimer ses passions, *comprimendæ sunt libidines.*

Il a besoin d'être excité au travail, *is ad laborem est incitandus.*

N. B. Quand le verbe qui suit *devoir, il faut,* ne régit pas l'accusatif, il faut se servir du participe neutre en *dum* avec *est,* et mettre au cas du verbe le nom ou le pronom suivant :

Il faut servir Dieu, *seviendum est deo.*

Laisser, *devant un infinitif.*

Laisser, devant un infinitif, se tourne par *permettre que,* et s'exprime par *sinere* (le *que* se supprime) :

Vos chants ne me laissent pas dormir, *cantus tui non sinunt me dormire.*

Ne pas laisser de, devant un infinitif, se tourne par *cependant,* tamen :

Quoique je vous attende vous-même, ne laissez pas de donner une lettre, *quanquàm te ipsum expecto, da tamen epistolam.*

Il me tarde de, je suis dans l'impatience de, *suivis d'un infinitif.*

Il me tarde de, je suis dans l'impatience de, suivis d'un infinitif, s'expriment par *nihil longiu:*

est quàm, avec l'infinitif, ou par *quàm ut* avec le subjonctif :

Il me tarde de vous voir, *nihil mihi longius est quàm te videre*, ou *quàm ut te videam.*

Avoir beau, *suivi d'un infinitif.*

Avoir beau, suivi d'un infinitif, se tourne par en vain, *frustrà*, ou par *quoique, quamvis :*

Vous avez beau crier, *frustrà vociferaris*, ou *quamvis vociferere.*

Il ne tient qu'à.

Il ne tient qu'à moi, qu'à vous, qu'à lui, que cela ne se fasse, *per me, per te unum stat, quominùs id fiat.*

Avoir de la peine à, *devant un infinitif.*

Avoir de la peine, devant un infinitif, se tourne par *difficilement :*

Il a eu de la peine à obtenir cette faveur, *hanc gratiam ægrè impetravit.*

A force de, *suivi d'un infinitif.*

A force de, suivi d'un infinitif, se rend par le substantif dérivé du verbe, avec *multus, a, um :*

A force de travailler, il est devenu savant; *tour-*

nez : par beaucoup de travail, *multo labore,* ou *labore improbo doctus evasit.*

Pour ne pas dire.

Pour ne pas dire s'exprime par *ne dicam,* et le nom ou l'adjectif suivant se met au même cas que celui qui précède; quand on renvoie le premier verbe à la fin :

Vous êtes un enfant, pour ne pas dire un badin, *tu puer, ne dicam, nugator es.*

Avoir le bonheur de, avoir le malheur de, *suivis d'un infinitif.*

Avoir le bonheur de, suivi d'un infinitif, s'exprime par *contingere ut ; avoir le malheur de,* par *accidere ut,* avec le subjonctif :

J'ai eu le bonheur de voir Louis le désiré, *mihi contigit ut Ludovicum desideratum viderem.*

J'ai eu le malheur de ne pas réussir dans mon entreprise, *mihi accidit, ut in meâ susceptione non succederem.*

Avoir lieu, sujet *ou* raison de, *suivis d'un infinitif.*

Avoir lieu, sujet ou *raison,* suivi d'un infinitif, se tourne par le verbe *être,* et l'infinitif suivant se met au gérondif en *di :*

Vous n'avez pas lieu de vous plaindre, *tibi non est conquerendi locus.*

On peut aussi exprimer la préposition *de* par *quòd* ou par *cur :*

Vous n'avez pas lieu, sujet ou raison de vous réjouir d'être venu en ces lieux, *non est quòd gaudeas te in ista loca venisse.*

Quel sujet avez-vous de tant vous affliger? *quid causæ est cur,* ou *quamobrem tantoperè doleas?*

Malgré.

1°. *Malgré,* devant un nom de personne, s'exprime par *invitus, a, um,* que l'on fait accorder avec le nom ou le pronom :

Il a fait cela malgré mon frère, *id invito meo fratre fecit.*

J'ai fait cela malgré lui, *id illo invito feci.*

2°. *Malgré,* devant un nom de chose, se tourne par *quoique* avec un verbe :

Il le tua malgré ses cris redoublés ; *tournez :* quoiqu'il criât beaucoup, *illum, quamvis clamitaret, interfecit.*

Au haut de, au milieu de, au bas de.

Le haut, le sommet d'un arbre, d'un rocher, d'une montagne, *summa arbor, summa rupes, summus mons.*

Au haut de l'arbre, *in summâ arbore.*

Le milieu d'un arbre, d'un rocher, d'une montagne, *media arbor, media rupes, medius mons.*

Au milieu du marché, *in medio foro.*

Le bas d'un arbre, d'une montagne, *ima arbor, imus mons.*

Le bout des doigts, *extremi digiti.*

Le fond de la mer, *imum mare.*

FIN DE LA SECONDE PARTIE.

TABLE DES MATIÈRES.

—

PREMIÈRE PARTIE.

INTRODUCTION PRÉLIMINAIRE.

ACCENTUATION.

PARTIES DU DISCOURS.

Pages.

Pages.

VERBES DÉFECTUEUX.

PARTICIPE.

FIN DE LA TABLE DES MATIÈRES.

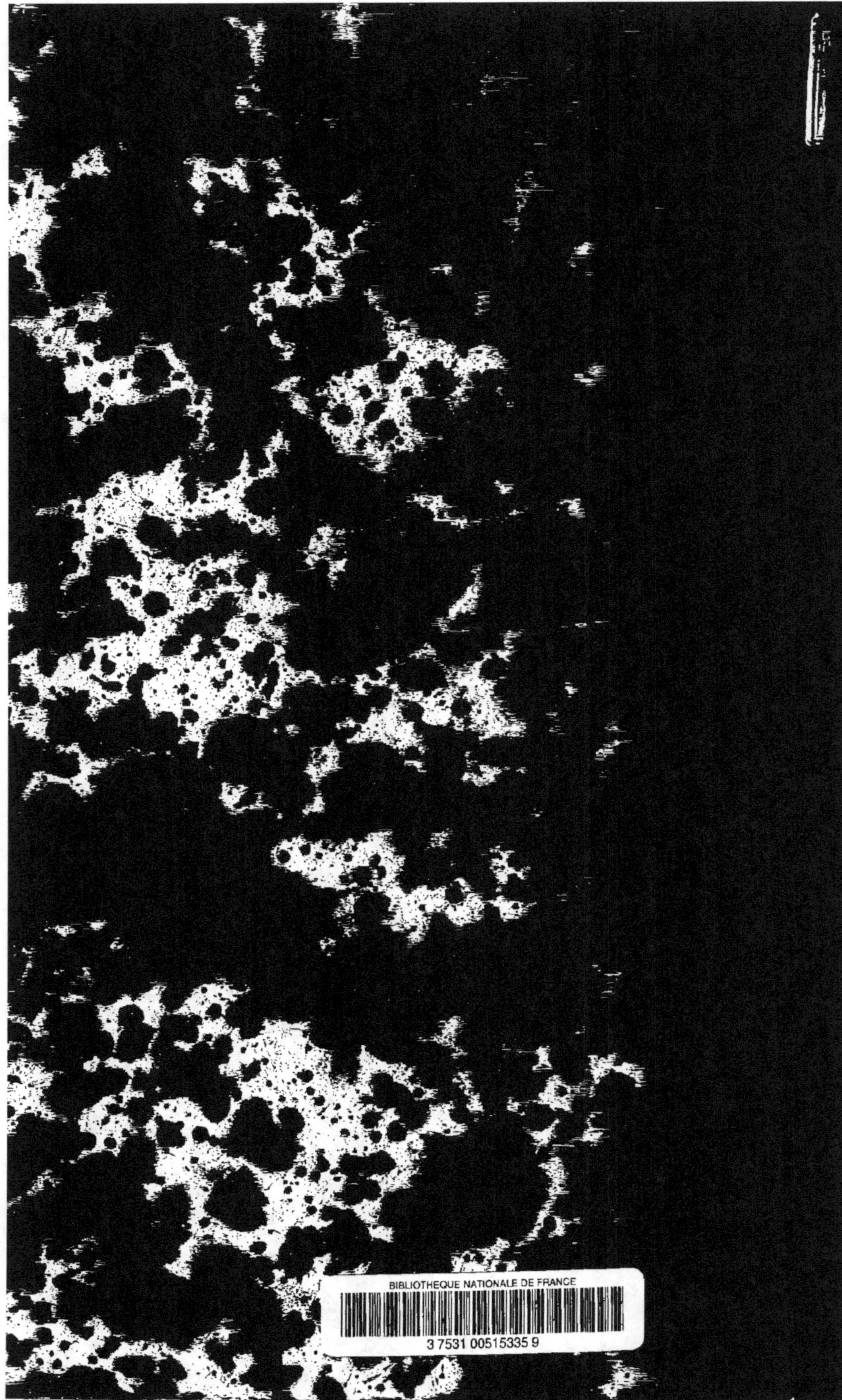
BIBLIOTHEQUE NATIONALE DE FRANCE